교회가
그립습니다

교회가 그립습니다

초판 1쇄 발행 | 2022년 5월 13일

지은이 | 김대진
펴낸이 | 이한민
펴낸곳 | 아르카

등록번호 | 제307-2017-18호
등록일자 | 2017년 3월 22일
주   소 | 서울 성북구 숭인로2길 61 길음동부센트레빌 106-1805
전   화 | 010-9510-7383
이메일 | arca_pub@naver.com

홈페이지 | www.arca.kr
블로그 | arca_pub.blog.me
페이스북 | fb.me/ARCApulishing

책   값 | 뒤표지에 있습니다
I S B N | 979-11-89393-33-5 03230

아르카ARCA는 기독출판사이며 방주ARK의 라틴어입니다(창 6:15).
네가 만들 방주는 이러하니 … 새가 그 종류대로, 가축이 그 종류대로,
땅에 기는 모든 것이 그 종류대로 각기 둘씩 네게로 나아오리니 그 생명을 보존하게 하라 _창 6:15, 20

세 대 간 단 절 이 없 던 처 음 그 교 회

교회가
그립습니다

김대진 지음

아르카

마음속에 차오른
그리움의 노래

한국교회는 영광스러웠습니다. 첫 선교사들인 언더우드와 아펜젤러가 이 땅에 도착하기도 전에 자국어로 된 성경을 이미 가지고 있었던 나라, 선교사가 아닌 자국민의 힘으로 첫 교회를 세웠던 나라, 한국은 세계선교에 유례가 없는 나라로서 엄청난 부흥과 성장을 경험하였습니다. 이제 한국교회는 세계에서 두 번째로 많은 선교사를 파송하며, 전 세계에 6천 개가 넘는 이민교회를 가진 영향력있는 교회가 되었습니다. 그렇게 유사 크리스텐덤(Christendom)의 시대를 경험하였던 한국교회는 21세기 들어 빠르게 주변부로 밀려났습니다.

세상은 교회를 떠올리며 사랑과 평화가 아닌 부패와 위선을 말하게 되었습니다. 이제는 세상이 교회를 염려하는 때가 되었습니다. 그렇게 맛을 잃은 교회는 기득권의 상징이 되었고, 자정(自淨)이 불가능한 이익 단체로 스러져가는 것처럼 보였습니다. 그러나 하나님은 한국교회를 포기하지 않으셨습니다. 재를 뿌리며, 눈물로 기도의 씨를 뿌리는 자들이 일어서기 시작했습니다. 마치 바알에게 무릎 꿇지 않은 칠천의 사람들을 남겨놓으신 것처럼 말입니다.

2010년대로 접어들며 진정한 교회가 무엇인가에 대한 뼈를 깎는 회개와 고민, 그리고 실천의 움직임이 조용히 일어났습니다. 자성의 목소리는 건강한 운동성을 띠게 되었습니다. 선교적 교회, FX(fresh expression of church) 운동, 교회 2.0, 세대 통합 사역, 말씀 중심의 회복 운동 등이 그것이었습니다.

그러다 갑자기 코로나19가 찾아왔습니다. 몇 달만 참으면 끝날 줄 알았던 유행병은 전 세계적인 재앙이 되어 온 땅을 뒤덮었고, 당연하게 여겼던 수많은 일상을 잃어버린 사람들은 새로운 기준(new normal)에 키를 맞추느라 허리가 휘고 등이 굽어갔습니다.

팬데믹의 그늘은 길고 짙었습니다. 교회라고 해서 이 난리를 피해 갈 수는 없었습니다. 아니, 오히려 코로나19의 중심에 교회가 있었습니다. 공동체성과 예배를 생명처럼 여겼던 교회는 전염병으로 인해 모이지 못하게 되자 크게 당황하였습니다. 외부적으로는 바이러스 전파의 진원지가 되었다는 지탄에 위축되었고, 내부적으로는 크게 줄어가는 예배 인원과 축소된 재정으로 인한 위기감이 감돌기 시작했습니다.

대면예배가 제한되자 교회는 살길을 고민하기 시작했습니다. 급속히 온라인 예배가 신설되었고, 교회는 빠르게 발걸음을 맞추었습니다. 재정과 인력이 상대적으로 충분했던 대형교회들은 방송국 뺨치는 스튜디오 공간을 만들고 역량있는 제작자들을 배치했습니다. 어떤 교회는 팬데믹 이전보다 오히려 온라인 성도의 수가 급증하였고, 조회 수가 수만을 넘어서는 스타 목회자들도 등장하게 되었습니다.

포스트 코로나, 위드 코로나, 비대면 예배, 온라인(online) 교회, 올라인(all line) 교회, 그리고 메타버스 교회까지, 이전 같았으면 상상하기도 힘든 익숙지 않은 개념과 새로운 시도들이 계속하여 툭툭 튀어나왔습니다. 2020년대 영적 전환기에서 한국교회가 마주친 코로나19는 그렇게 모든 이슈를 빨아들였습니다. 그 많던 교회 갱신 운동들이 목소리를 잃게 되었습니다.

결국 코로나19를 통과하면서, 많은 교회들이 '생명'이 아닌 '생존'에 집중하게 되었습니다. 그리스도의 생명을 전해야 할 교회가, 자신의 생존을 위해 거의 모든 에너지를 사용하게 된 것입니다. 한국교회는 영적 재도약의 기회를 이렇듯 허망하게 놓쳐버리게 되는 것일까요?

그러다 문득, 마음속에 솟아오르는 문장 하나가 생겼습니다. '교회가 그립습니다.'

교회를 잃어버렸다는 생각, 교회를 잊어버렸다는 마음이 들었습니다. 그러나, 그리운 것은 옛 교회의 영광이 아닙니다. 만나보지 못한 교회에의 소망입니다. 그리움은 팬데믹 기간 내내 깊어갔지만, 자고 일어나면 생겨나는 신조어와 덧댄 천 조각

　　　　　　　　　　　　　　교회가 그립습니다

같은 허망한 대안들로 인해, 마음은 디딜 땅을 놓친 발처럼 허공에서 버둥거렸습니다. 이에 줄 끊어진 연처럼 헛헛한 마음을 주께서 잡아주시길 원하여, 다시 노트북 앞에 앉았습니다. 오래도록 마무리하지 못한 원고 앞에 다시 서게 된 것입니다.

이 책을 쓰기 시작한 지 벌써 7년이 지났습니다. 세대통합 교육목회의 길을 알리기 위해 '가정과 교회를 싱크하라'라는 제목으로 이미 오래전에 몸글을 마쳤지만, 마지막 닫는 말을 써 내려갈 때마다 가슴 한쪽이 답답해지며, 포기하기를 몇 차례나 반복하였습니다. 왜 그랬을까요? 왜 이리 오래 걸렸을까요? 스스로에게 실망했을 수도, 아니면 교회의 현실에 너무나 지쳐 하나님께 뿔이 났는지도 모르겠습니다.

그동안 세대통합 사역을 오해하는 교회가 많았습니다. 많은 교회가 마치 도깨비 방망이처럼, 휘두르기만 하면 원하는 열매를 속히 맺을 수 있는 도구로 오해하였습니다. 많은 목회자들이 이전에 시끌벅적했던 주일학교로 돌아가는 지름길로 오인하였습니다. "그래서 잘 먹힙니까?"라는 질문을 받을 때마다, 본래의 의미와 목적을 제대로 전하지 못한 자신의 한계를 느꼈고, 한국교회의 결과주의에 고개를 떨궜습니다.

그러다 또 문득, 가슴속 가득 차오른 그리움의 말들을 발견했습니다. 그것은 원래의 교회, 우리가 만나보지 못한 그 교회에 관한 것입니다. 이것을 누군가에게 전하기 전에, 스스로를 위해 결국 토해내야겠다는 생각이 든 것입니다.

이제 다시 글을 씁니다. 할 말이 있어서가 아니라, 할 말 잃은 자로서 그 답을 찾기 원했기 때문입니다. 마음속 차오른 그리움의 노래에 주께서 응답하여 주시길 바랄 뿐입니다.

아무리 시대가 바뀌어도 변하지 않을 '그리운 교회'의 원래의 모습을 모든 독자들이 함께 찾기를 소원합니다. 세대가 바뀌어도 끊어지지 않을 신앙 전수의 큰 그림을 보기 원합니다. 한때 반짝 사용되다 도로 창고에 들어가기 마련인 손쉬운 대안이 아니라, 세대와 세대를 잇고 시대와 시대를 이을 아름다운 교회의 원안을 목격하기 원합니다.

게으른 저자를 끝까지 기다려 주신 도서출판 아르카의 이한민 대표께 감사의 말씀을 드립니다. 그의 격려가 없었다면 이 글들은 결국 활자화되지 못하고 마음에만 남았을 것입니다. 미소를 잃지 않으며 순례의 길을 함께해준 사랑하는 아내에게 또한 감사합니다. 사람을 사랑하고 말씀을 사랑하고, 어린이를 사랑하고 하나님을 사랑하는 아내의 모습은 이 책에 담긴 모든 질문에 대한 하나님의 답안지처럼 여겨질 정도입니다. 대견하고 어여쁜 큰딸 소은이와, 마음속에 새 한 마리를 지니고 있는 막내 유은이에게도 사랑의 말을 가득 담아 전합니다.

동백 석성산 자락 밑에서,

김대진 목사

이 책을
사랑하는 아내 자연과
두 딸 소은·유은에게 바칩니다.

차례

-1부-

교회가 있는데,
교회가 그리운 까닭

1

이럴 때가
아니다

지금 몇 시지?

새벽 두 시다. 동백의 대규모 아파트 단지 사이로 들이치는 바람 소리만 멀리서 들릴 뿐, 고양이도 잠이 든 것 같은 한밤중이다. 자다가 깨는 일이 많아져 새로 구입한 LED 시계가 어둠 속에서 은은히 빛을 발하고 있고, 나는 이내 안도의 한숨을 내쉰다. '아직 몇 시간은 더 잘 수 있겠구나.'

놀랐던 가슴에 여유가 생기자, 바짝 마른 입술이 의식된다. 마른 목을 축이기 위해 주방에 들른 발걸음은 자연스럽게 딸아이들의 방으로 향한다. 아무런 걱정 없이 잘 자고 있는 아이들을 보며, 나는 말 그대로 아빠 미소를 짓고 식탁 의자에 걸터앉는다.

가끔은, 이렇게 한밤중에 깨어나 누구의 방해도 없는 이런 순간이 '달게' 느껴질 때가 있다. 정신없이 일과를 해치우느라 한켠에 밀쳐두었던 책을 읽기에 이보다 좋은 때가 또 있겠나? 기회다 싶어 손에 책을 말아쥐고 식탁 위의 전등을 켠다. 한밤중, 그렇게 나는 차 한 잔과 책 몇 페이지를 홀짝거리다 다시 잠이 들곤 하는데, 이것이 그렇게 좋을 수 없다.

그러나 상상해 보라. 눈을 떠서 시계를 보았는데 아침 8시라면! 족히 한 시간은 걸릴 출근 시간을 감안할 때, 이것은 사건이다. 아침 샤워는 건너뛰고 눈꼽만 대충 떼어낸다. 어제 입었던 옷이어도 좋고, 우유 한 잔이어도 아침 식사로 족하다. 제시간에 사무실에 도착하는 것을 최우선의 목표로 하여 행동 조정에 들어간 것이다. 똑같은 사람이 똑같은 장소에서 일어났으나 그 행동의 내용과 방향, 태도와 빠르기가 사뭇 다르다. 왜? 다른 '때'이니까! 일어난 때가 다르니 이후의 행동도 다른 것이다. 누구나 한두 번쯤은 겪어봤을 이 경험은, '때를 아는 것이 행동의 방향과 내용을 결정한다'라는 지혜를 다시 한 번 떠오르게 한다.

위기의 때인가, 기회의 때인가?

그것은 하나님의 사람에게도 마찬가지다. 같은 하나님을 모시는 선지자라 하더라도 그들이 놓인 때와 상황에 따라 외친 메시지는 달랐다. 예루살렘이 멸망하기 전, 예레미야는 임박한 하나님의 심판을 외치며 이스라엘의 회개를 눈물로 촉구했다.

바벨론에 포로로 끌려간 유다 백성을 위해 다니엘은 미래적 비전을 통해 하나님이 그 나라를 회복시키실 것을 예언하며 격려했다. 포로 생활을 마치고 본국으로 귀환한 백성을 위해 학개는 성전 재건을 완수할 것을 강하게 권면했다. 같은 하나님을 모시는 같은 선지자이지만, 그들이 외쳤던 메시지는 시대에 따라 이처럼 달랐다. 하나님 나라와 의를 구하는 일은 이렇듯 쿠키 틀로 찍은 듯이 똑같을 수 없다.

그렇다면 지금은 어떤 때인가? 왜 하필이면 이때 이곳에 나는 태어났는가? 이 질문은, 이 땅을 살고 있는 하나님의 사람이라면 당연히 물어야 하고, 끊임없이 답을 구해야 할 질문이다. 하나님이 두신 때에, 하나님이 심어놓으신 땅에서, 하나님이 들려주고자 하시는 메시지를 우리는 삶으로 외쳐야 한다. 어쩌다 태어나 죽지 못해 사는 인생이 아니라, 하나님이 두신 곳에서 주어진 사명을 감당하는 삶을 살 수 있다면, 그 얼마나 멋지고 복된 삶이겠는가? 그런 눈으로 이 땅과 이 때를 바라보면, 지금의 교회는 '위기의 때'를 지나고 있다.

2020년 들어서 본격적으로 유행하기 시작한 코로나바이러스 감염증 2019(이하 코로나19)는 얼마 지나지 않아 전지구적 재앙으로 커졌다. 기존의 체계가 단번에 무너지고, 새로운 기준들이 삶을 강제했다. 당연했던 일상은 사라지고, 마스크와 큐알(QR) 코드 패스가 필수품이 되었다. 그리고, 교회는 이 코로나19의 직격탄을 맞았다.

　　　　　　　　　　　　　　교회가 그립습니다

다 함께 교회에 모여 찬양하고 예배하고 교제하고 봉사하는 것이 신앙생활의 전부와 같았던 교회는 모이지 못하게 된 상황에 당황해하며 몹시 흔들렸다. 성도의 신앙생활 역시 크게 변화됐다. 대면예배는 비대면 예배로 대체되거나 병행되었고, 공예배가 온라인으로 전환되자 새로운 기술에 익숙하지 못한 노인들은 큰 불편을 겪게 되었다. 가만히 앉아서 집중하기 힘들어하는 자녀세대의 어려움도 커진 것은 물론이거니와, 주일학교와 주일학교 교사의 역할과 영향이 크게 줄어들어 주일학교 부서를 통폐합하거나 축소하는 교회들이 많아졌다. 또한 예배에 참여하는 태도와 마음에서 이전보다 못한 경험을 하는 성도들이 많아졌고, 예배 참여율과 소그룹 참여율도 대부분의 교회에서 코로나19 이전보다 낮게 보고되었다.

그러나 한편으론 새로운 가능성들이 일어났다. 일명 가나안 성도(예수는 믿으나 교회에는 속하지 않은 그리스도인)의 온라인 예배 참여율이 높아지고, 장소와 시간에 제한을 받지 않는 새로운 목회의 시도들이 생겨났다. 건물 없는 교회, 조직과 직분제에 갇히지 않는 수평적 관계, 느슨한 연대와 소속감을 오히려 낮아진 장벽으로 받아들이는 구도자들이 많아졌다. 기존의 시스템이 무너지자, 이전에는 상상도 할 수 없었던 새로운 시도들이 큰 거부감없이 받아들여지는 목회적 환경이 생겨난 것이다. 그런 면에서 팬데믹을 통과하는 교회는 위기와 기회의 때 모두를 맞이하고 있다고 볼 수 있다. 지금은 교회의 대변혁

기이다.

주일학교를 보면 교회가 보인다?

'어린이는 나라의 미래'라고 소파 방정환 선생이 말하였다. 그
래서 교회 안의 다음세대를 보면 교회의 미래를 알 수 있다고
혹자는 말한다. 아니다. 어린이는 교회의 과거다. 지금의 어린
이를 보면 교회가 어떤 과거를 지나왔는지 보이기 때문이다.

또한 어린이는 교회의 현재다. 그들은 미래에 교회의 일꾼이
될 재목이 아니라, 지금 교회를 이루는 가족이기에 그렇다. 이
것을 이해하면, 교회는 어떤 변화와 어려움에도 하나님이 기뻐
하실 아름다운 교회의 모습을 가꾸어갈 수 있다. 그러나 이것
을 오해하면, 시대가 바뀌면 무너져내릴 '모래 위의 성'을 짓는
꼴이 될 것이다. 대변혁기인 지금에 논의되고 있는 교회의 당
면 문제들과 그에 대한 해결책을 이 렌즈로 새롭게 바라볼 때,
우리는 그동안 잃어버렸던 그리운 교회의 모습을 되찾게 될 것
이다. 아니, 기어이 이루어지고야 말 아름다운 교회의 모습을
찾아갈 것이다. 그런 면에서, '주일학교를 보면 교회가 보인다'
라고 할 수 있겠다. 이 어려움의 시기에 그리운 교회의 모습을
회복할 대안(代案), 아니 원안(原案)이 그 안에 있다.

2014년 7월 21일, '복음의 재발견을 통한 교회 갱신과 성장'
을 주제로 모인 대한예수교장로회 통합측 총회정책협의회에
서 충격적인 보고가 있었다. 통합측 소속의 교회 중 설문에 응

교회가 그립습니다

답한 8,383개 교회 중에서 청소년 부서가 없는 교회가 48퍼센트, 어린이 부서가 없는 교회가 45퍼센트라는 발표였다. 학령 전 부서로 내려가면 이 문제는 더욱 심각해지는데, 유치부가 없는 교회가 51퍼센트, 유아부가 없는 교회가 77.4퍼센트, 영아부가 없는 교회가 78.5퍼센트로 드러났다.[1] 열 교회 중에서 거의 여덟 교회는 세 살 이하의 어린이들이 함께 예배하는 부서가 없다는 것이다.

기독교교육에 가장 많은 투자를 하고 있다고 해도 과언이 아닌 통합 교단의 보고는 다른 교단에도 충격이 되었던 듯하다. 각 교단에서 주일학교의 문제점에 대한 진단과 대안을 내놓기 시작했다. 어느 교단은 "주일 설교와 공과 공부 시간이 지루하다"라는 설문 조사 결과를 토대로, "주일학교가 더 이상 아이들에게 재미있는 곳이 아니기 때문"이라고 진단했다. 어느 교단은 "주일학교 교사들의 헌신도가 떨어진다"라는 자체 평가를 내렸다. 어느 교단은 "교회의 재정 투자가 부족하다"는 말을 했고, "담임 목회자의 무관심과 교회교육 전문가의 부재가 만들어낸 결과"라고 했다. 이에 2014년의 통합측 정책협의회에서는 그 문제를 제기한 발표자 박봉수 목사가 '평신도 교육사' 제도를 대안으로 제안했다. 그리고 교회학교가 없는 교회에 교사를 파송하는 '확장주일학교운동'이 필요하다고 하였다. 다

---

1   기독일보, 2014년 7월 22일자.

시 말해, 제대로 된 교사를 훈련하고 파송하여 주일학교가 없는 곳에 다시 주일학교의 기능이 회복되도록 하자는 것이다. 2014년 11월에 김희자 교수(총신대)는 주일학교 교육시스템을 역량 기반의 인공지능 시스템 교육 체계로 전환하자는 제안까지 하였다.[2]

모두 틀린 말은 아니다. 주일학교는 더 이상 재미있는 곳이 아니고, 주일학교 교사의 헌신도도 갈수록 떨어지는 것이 사실이다. 그러나 이것은 현상만 보고 근원은 보지 못하는 말이다. 그들의 대안대로 주일학교를 재미있게 만들고, 더 많은 재정을 투자하여 더 깊은 전문성을 가진 교회교육 전문가를 세운다 하더라도, 이 문제는 해결되지 않을 것이다. 아니, 어쩌면 문제를 더 심각하게 만드는 지경에 이를 것이다. 왜 그럴까?

다시 통계로 돌아가, 영아부가 없는 교회가 78.5퍼센트라는 결과를 보자. 그것은 사실 교회 안에 어린 영아들이 없다는 말이 아니다. 어린 영아들을 두고 있는 30대 초중반의 젊은 부모 세대가 교회를 떠났다는 것을 말한다. 어떤 영아도 부모 없이 혼자 나오는 경우는 없다. 그렇다면 그 부모들이 누구인가? 그들은 다름아닌, 주일학교의 최고 부흥기라고 이야기하는 80년대와 90년대를 주일학교 학생으로서 통과했던 사람들이다. 다시 말해 교회에 가는 것이 즐겁고, 교회에 가야 즐겁던 그때에

---

2   기독신문, 2014년 11월 10일자.

주일학교를 다녔던 사람들이다. 헌신적인 주일학교 교사를 통해 우리 세대가 그렇게 열심히 가르쳤던 사람들이다. 그렇게 좋았던 시절에, 그렇게 열심히 배웠던 그들이, 정작 성인이 되어 자녀를 낳게 되었을 때에는 대부분 교회를 떠나게 된 상황을 어떻게 해석해야 할 것인가? 그런데도 여전히 교회가 재미없어서 아이들이 오지 않는다고 보거나, 교사들이 헌신적이지 않아서 아이들이 교회를 떠나고 있다고만 이야기하는 것이 맞는가 이 말이다.

지금의 위기는 지금 발생한 사건의 효과가 아니라, 지난 시간 쌓여온 과정의 결과이다. 지금의 주일학교의 위기는 이전 부모세대가 통과했던 주일학교의 결과이며, 그것을 통해 우리는 교회가 지나온 길과 앞으로 걷게 될 길, 혹은 걸어야 할 길을 예측할 수 있다. 당연하게도 고민이 시작됐다.

나는 기독교교육 전문가로서 잘 가르치기를 원했다. 그리고 잘 가르칠 교사와 목회자들을 훈련하는 일을 사명으로 알았다. 탁월한 가르침을 위한 탁월한 교재와 프로그램을 개발하여 보급하는 일은 나의 중요한 소명이었다. 그랬던 나에게 고민이 생긴 것이다.

'그렇게 열심히 잘 가르친 아이들이 정작 어른이 되면 왜 교회를 떠날까?'

그 어느 때보다 좋은 시설, 그 어느 때보다 높은 주일학교 교사들의 평균 학력, 그 어느 때보다 탁월한 교육자료와 커리큘럼을 가지고 있는 전문화된 현대 교회는 왜 그 어느 때보다 빠른 속도로 다음세대를 잃고 있는 것인가? 어디서부터 무엇이 잘못되었는가?

나는 한국교회의 문제를 나의 문제로 끌어안고 가슴앓이를 시작했다. 젊은 날을 오롯이 기독교교육 전문가로, 기독교교육 전문기관에서 보냈던 나의 가슴이 아파왔다. 나는 물었다.

"지금이 몇 시입니까?"

살아있는 사람들은 찾아가서 물었고, 돌아가신 분들에게선 그들의 책을 통해 배웠다. 하나님께 여쭈었고, 그 앞에서 뒹굴었다. 답답한 마음에 묻다가, 묻다가 목이 말라 마흔을 한 해 앞두고 미국 유학길에 올랐다. 나는 그곳에서도 계속 물었다.

"지금이 몇 시입니까?"

그리고, 조금은 예상치 못한 답을 얻게 되었다. 처음에는 주께서 주신 깨달음에 무릎을 쳤다가, 다음에는 이제야 알았다는 아쉬움에 가슴을 쳤다. 교회가 재미없어서도 아니고, 교사의 역량이 부족해서도 아니고, 교회교육 전문가가 없어서도 아니었다. 이유는 다른 곳에 있었다.

지금부터 하는 이야기는 매우 요상하게 들릴 수도 있을 것이다. 나는 다음 몇 장을 통해 현대 기독교교육이 현 상황까지 오게 된 주범으로 두 괴생물체를 고발하려고 한다. 먼저는 '짝귀 미키마우스'이고 둘째는 '뇌 없는 문어'이다. 마음의 준비가 되어 있다면, 다음 장으로 넘어가 보자.

2

어쩌다
이렇게 되었나?

대안이 아니라, 원안을 찾아라

내가 미국에서 유학하던 때의 일이다. 하루는 큰딸 소은이의 눈에서 서러운 눈물이 흘러나왔다. 아이가 속상해하는 것을 보는 부모의 마음도 그러했다. 학교 대표로 소은이를 포함한 세 명의 학생이 지역·수학경시대회에 출전했는데, 소은이가 다니던 학교는 단체상을 수상할 정도로 좋은 결과를 받았다. 문제는 개인전이었다. 단체전 외에 개인전 대표로도 출전했던 소은이가 수상에 실패한 것이다. 그것은 아이에게 작지 않은 상처로 남았다.

이런 일과 비슷한 경우를 당하게 되면, 부모들은 보통 아이가 어서 잊어버리기를 원하기 마련이다. 그래서 속상한 일, 지나간 일은 잊어버리고, 다른 일, 앞으로 해나가야 할 과업에 초점을 맞추도록 안내하기 쉽다. 하지만 우리 가족은 조금 다른 방법으로 '실패'를 다룬다. 바로 '실패를 기념하는 식사'이다.

집으로 돌아온 우리 가족은 아이들이 가장 좋아하는 음식점인 '스윗 토마토'(Sweet Tomatoes, 유기농 야채 샐러드와 수프와 빵 등을 제공하는 미국의 패밀리레스토랑)로 가곤 했다. 이곳은 무엇인가 기념할 만한 일이 있을 때마다 들르는, 그 당시 우리 가족에겐 최고의 장소였다.

막내가 좋아하는 마카로니 치즈, 아빠가 좋아하는 치킨 수프, 큰아이가 선택한 음료수에, 엄마가 한 접시 가득 담아온 신선한 야채 샐러드를 테이블 중앙에 놓고 우리는 감사의 기도를 드린다. 좋아하는 음식이 뱃속에 들어가면 속상했던 마음도 누그러지고, 뭉쳤던 응어리도 어느 정도 풀리게 된다. 그럴 때 우리는 그날 있었던 '실패'를 테이블 중앙에 다시 꺼내놓는다.

"아빠는 오늘 일을 통해서 한 가지 중요한 사실을 배웠어. 난 소은이가 수학경시대회를 더 잘 준비할 수 있도록 집에 돌아와 '내가 뭘 도와줄까?'라고 물었어야 했어. 그렇게 하지 못한 아빠를 용서해주겠니?"

아이가 고개를 끄덕이며 살짝 웃는다.

"저는 나 자신을 너무 믿고 더 열심히 하지 않았어요. 자신감을 가지는 것과 열심을 다하는 것 모두 필요하다는 것을 배웠어요."

소은이는 그렇게 '실패를 기념하는 식사'를 통해 깨달은 지

교회가 그립습니다

혜를 식구들에게 나누어주었다. 빨리 잊어버리고 넘어가는 것이 아니라, 오히려 기념하며 기억하는 것을 통해, 함께 실패를 극복하는 가정으로 우리는 그렇게 조금 더 성장했다. 우리는 한국에 돌아온 후에도 여전히 실패를 기념하는 식사를 이어가고 있다.

사실 믿는 자에게 실패란 없다. 나란 잘못된 선택을 통해 더 나은 선택을 할 수 있도록 하는 배움의 과정만 있을 뿐이다.

지나간 일을 그대로 흘려보내면 우리는 같은 실패를 반복하게 될 뿐이다. 그러나 실패를 실패로 놔두지 않고, 기념하고 기억하며 고치고 새롭게 다가서는 태도는 더 나은 미래를 만들어내는 매우 중요한 자산이 된다. 그런 면에서 지나간 역사를 통해 배우려는 태도는 매우 중요하다. 역사를 통해 배울 줄 모르는 사람은 과오를 되풀이하기 마련이다.

나는 '해 아래 새것이 없다'라는 격언이 진리라고 믿는다. 그것은 한국 기독교교육의 '실패'에서도 예외가 아니다. 많은 사람들은 지금 한국교회의 위기가 이전에는 없던 완전히 새로운 것인 양 호들갑을 떤다. 곧 주일학교가 붕괴될 것처럼, 교회가 사라질 것처럼 말이다. 그렇지 않다.

교회에 위기가 없었던 적은 없다. 교회를 향한 도전은 늘 있어왔다. 표면적 현상은 다를지 모르겠으나, 그 근본적인 원인은 한결같았다. 그래서 과거의 실패로부터 오늘의 위기를 진단하는 지혜가 필요하다. 반짝 사용되다 없어질 '대안'이 아니라,

세월이 흘러도 바뀌지 않을 '원안'을 찾아야 한다.

그런 면에서 미국교회가 한 세대 전에 놓쳤던 경고를 지금의 한국교회가 뒤돌아보는 것은 매우 중요한 관점을 우리에게 제공할 것이라고 믿는다. 다시 말해서, 30년 전에 그들이 행했던 실패를 통해, 우리는 지금의 문제를 이겨나갈 귀중한 지혜를 배울 수 있을 것이다. 지금 우리가 그 기회를 놓친다면, 미국교회 내에서 생겨나는 문제들이 우리에게도 거의 그대로 되풀이될 것이라는 말이다. 안타깝게도, 이 우려는 지금 대부분 현실화되고 있다.

지금부터 우리는 미국교회가 30년 전에 무시하였던 한 경고를 보게 될 것이다. '실패를 기념하는 식탁' 위에 그 문제를 오늘의 메뉴로 올려놓겠다는 말이다. 이 경고를 우리가 다른 시각과 태도로 받아들인다면, 그래서 한국의 기독교교육이 '지금 몇 시인지'를 깨달아 다른 태도와 방향으로 나아간다면, 이후 한국교회의 30년은 매우 중요한 전환기가 될 것이라고 나는 믿는다.

옛날엔 교회가 하나의 가족이었는데…

1989년 미국의 한 청소년 사역자가 〈유스워커〉(Youth Worker Journal)라는 청소년 사역자 저널에 기괴한(?) 그림 한 장을 소

짝귀 미키마우스

개했다.[3](위의 그림) 이 사역자는 귀가 하나 달랑 달려 있는 미키마우스 머리 모양의 그림을 보여주며, 미국교회의 청소년 사역이 이와 같다고 역설했다.

미키마우스의 머리에 해당하는 그림은 바로 '교회'를 나타내고, 그 머리에 간신히 매달려 있는 하나의 귀는 '청소년 부서'를 말한다. 머리에 붙어 있기는 하지만 거의 따로 떨어져 있어 위태로워 보이는 미키마우스의 귀처럼, 현대 교회의 청소년 사역은 전체 교회와 따로 떨어져 있어 매우 위태로운 상황에 놓여 있다는 주장이었다.

안타깝게도, 스튜어트 커밍스본드의 주장은 당시 청소년 사

---

3 Stuart Cummings-Bond, "The One-Eared Mickey Mouse", YouthWorker Journal (Fall, 1989), 76

역자들에게 환영받지 못하였다. 그도 그럴 것이, 1980년대는 청소년들이 교회로 몰려 들어오던 황금기였기 때문이었다. 부서마다 아이들이 넘쳐나는 때에 청소년 사역이 위기에 처해 있다는 한 사역자의 진단은 허황된 오진으로 받아들여졌다. 그러나 그 일은 10년이 채 지나기도 전에 현실화되었다.

1990년대 중반에 들어서자 많은 교회성장학자들이 "주일학교는 죽었다"라는 말을 내놓기 시작했고, 각종 컨퍼런스에서 주일학교 위기론이 등장하기 시작했다.[4]

주일학교의 유용성과 실용성 이야기를 떠나 주일학교의 위기가 현실이 된 것은 분명해 보이며, 단순히 숫자가 줄어드는 것이 문제가 아니라, 더 근본적인 문제를 이 '짝귀 미키마우스'가 거론하고 있음을 우리는 직시해야 한다.

먼저, 짝귀 미키마우스의 머리는 하나된 공동체로서의 교회를 상징한다. 교회는 원래 하나의 커다란 가족이었다. 헬라인과 유대인이, 종과 자유자가 한 성령으로 세례를 받아 그리스도의 한 몸을 이루고 있기 때문이다(고전 12:12,13). 이 하나됨은 교리적인 선포가 아니라 삶이었고 문화였다. 차이를 넘어 서로 사랑하는 커다란 가족으로서의 공동체성은 삶의 거의 모든 영역에서 크리스천들을 독특하고 매력적으로 구분된 사람

---

4 Ken Hemphill, Revitalizing the Sunday Morning Dinosaur (Nashville: Broadman and Holman Publishers, 1996), 1

교회가 그립습니다

으로 각인시켰다. 그래서 교회는 단순한 종교기관을 넘어 삶의 중심, 사회의 허브 역할을 했다.

　미국의 오래된 도시를 가보면 예외 없이 그 한복판에 교회가 서 있는 것을 보게 된다. 그것은 도시계획을 할 때 마을 중심부에 종교 부지를 선으로 그어놓았기 때문이 아니다. 신앙의 자유를 찾아 신대륙으로 떠났던 청교도들이 개척지에 도착하여 가장 먼저 교회를 지었기 때문이다. 그들은 교회를 지은 다음 그 곁에 살 집을 지어나갔고, 마을은 교회를 중심으로 동심원이 퍼져나가듯이 성장해갔다. 교회가 새벽종을 치면 그에 맞춰 하루를 시작했고, 교회의 목사는 마을의 촌장 역할을 했다. 우스갯소리로 돼지가 새끼를 낳으려고 해도 목사가 방문하여 그 머리에 손을 얹고 안수를 했을 정도이다.

　하나된 가족으로서의 교회는 각 가정에도 영향을 주었다. 흩어져 사는 각 가정은 그 자체로 작은 교회였다. 가장을 중심으로 함께 날마다 성경을 묵상하며 서로를 축복하였다. 부모는 자녀를 그리스도의 제자로 삼는 첫 번째 책임자였고, 가장은 그 집의 제사장 역할을 했다. 가정은 작은 사회의 역할을 하기도 하였다. 그 안에서 기초생활훈련, 예절교육, 직업훈련 등이 모두 일어났다. 아빠가 농부면 자식도 농부였고, 아빠가 어부면 딸은 그의 그물을 기웠다. 자녀들은 자연스럽게 가정 안에서 사회 구성원으로서의 기본적인 의식과 기능을 익혔다.

　그러나 19세기에 이르러, 말 그대로 혁명이 일어났다. 바로

'산업혁명'이다. 농경사회에서 산업사회로의 급격한 변화는 산업의 구조뿐 아니라 하나된 공동체로서의 가정의 모양을 급속도로 바꾸어 놓았다.

"가내수공업 형태의 오래된 시스템은 급격히 사라졌다. 개인적 기술이 큰 요소였던 체계, 그래서 갓 일을 시작한 초보자들에게 '스승'이나 '가족'이 친근한 용어였던 체계, 부모의 감찰 아래 어린아이들도 가업에 기여하고 가업을 물려받던 시대가 사라진 것이다. 대신 대량생산 체계와 공장으로 몰려드는 일꾼들이 그 자리를 차지했다."[5]

이제 대부분 가정의 가장들은 공장에 나가 돈을 벌어오는 '월급쟁이'가 되었고, 많은 가정은 아버지가 자리를 비우게 된 새로운 삶의 형태를 맞이하게 되었다. 서로 힘을 합치지 아니하면 생존이 힘들었던 농경사회에서, 각자 공장에 소속되어 월급을 받는 형태의 굴뚝산업으로의 이전은 가족의 형태마저 바꾸어 놓았다. 작은 씨족사회로 모여 살던 친족들이 출퇴근이 편리한 공장 주위로 흩어지면서 '핵가족' 형태로 바뀐 것이다.

이것은 '교육'이라고 하는 영역에서도 심각한 도전이 되었다. 함께 가르치고 돌봐야 할 공동체가 사라져가고, 자녀들을 가르치고 돌봐야 할 아버지마저 자리를 비우게 된 현실은 자녀

---

5 Francis Otis Erb, The Development of the Young People's Movement (Chicago: University of Chicago, 1917), 2.

교회가 그립습니다

의 교육과 신앙훈련을 '가정'으로부터 외부 '기관'으로 옮겨가게 한 주요한 원인이 되었다.[6] 바로 '공교육'과 '주일학교'의 시작이다. 두 기관 모두 처음 시작은 '거리의 아이들'을 돌보기 위한 의도로 시작되었다. 아버지는 공장으로 가고 어머니마저 일감을 찾아 집을 비운 상태에서, 자녀들은 자연스럽게 길거리로 흘러나왔다. 이러한 교육 사각지대를 의식한 선각자들은 아이들을 모아놓고 부모의 역할을 대신해 교육하는 헌신을 보여주었다.

18세기 말 영국에서 시작된 '주일학교'는 슬럼화된 마을의 아이들이 범죄에 빠지는 것을 예방하고, 그들에게 신앙의 대상과 내용을 교육하는 역할을 해주었다. 로버트 라이케스(Robert Raikes)에 의해 시작된 주일학교 운동의 불꽃은 머지않아 미국으로 옮겨붙었고, 미국 전역에 주일학교가 세워지게 되었다. 초기에는 안식해야 할 주일에 가르치는 일을 하고 있다는 안식일 논쟁마저 있었지만, 주일학교는 세대별 성경공부의 형태로 거의 모든 교회에 정착하게 되었다.[7]

---

6 W. Ryan Steenburg and Timothy Paul Jones, "Growing Gaps from Generation to Generation," in Trained in the Fear of God ed. Randy Stinson, Timothy Paul Jones (Grand Rapids: Kregel, 2011), 146

7 George R. Merrill, "The Sunday School," in The Development of the Sunday School, ed. W. N. Hartshorn, George R. Merrill, and Marion Lawrence (Boston: Fort Hill Press, 1905), 6

공교육과 세속화의 위기

한편, 주일학교 운동에 화답이라도 하듯이 '세속교육'의 영역에서도 '공교육'이 시작되었다. 주일학교가 그랬듯, 영국에서 먼저 시작된 공교육 운동은 초기에는 마을 아이들의 교육을 함께 책임지는 공동 양육의 형태를 띠었다. 이것이 미국으로 옮겨가면서, 메사추세츠의 변호사요 정치가였던 호레이스 만(Horace Mann)이 미국의 공교육 운동을 주도하게 되어, 미국은 19세기 말에 의무교육으로서의 공교육을 시작하게 된다. 산업혁명으로 인한 교육 위기에 시작된 주일학교와 공교육 운동은 교육의 주체였던 부모가 사라진 자리를 국가와 기관이 대신함으로, 거리에 버려진 아이들을 선도한 긍정적인 역할을 한 것이 분명하다. 그러나, 이때부터 부모들은 자녀 교육에 대한 책임을 서서히 자신들로부터 외부 기관으로 '위임'하는 일에 익숙해지기 시작한다.

그리고 저 유명한 찰스 다윈(Charles Robert Darwin)이 등장한다. 영국의 생물학자인 다윈은 갈라파고스 제도 5년 항해의 경험을 바탕으로 1859년《종의 기원》을 발표한다. 이것은 영국뿐 아니라 세계 전역의 학계와 종교계를 격렬한 논쟁으로 이끌게 된다. 다윈의 등장은 진화론과 창조론의 대결을 촉발하였다는 것보다, 사람들이 세상을 바라보는 관점과 체계를 변화시켰다는 면에서 더 중요하다.

다윈 이전의 사람들은 세상을 바라보며 해석하는 관점이 '유

교회가 그립습니다

신론적'이었다. 세상을 이해하는 그 중심에 창조주가 있었고, 학문은 신의 섭리 속에서 운행되는 세상을 피조물인 인간이 이해하고 경험하는 것이었다. 그러나 다윈의 진화론은 창조주를 배제하고 세상을 이해할 수 있다는 '무신론적 세계관'을 세상에 들여왔다. 때마침 덴마크의 철학자인 키르케고르가 일으킨 실존주의 철학은 인간의 주체적이고 독단적인 결단을 강조하며, 그의 의도와 달리 무신론적 세계관에 기름을 들이붓는 역할을 했다.

이 불똥은 머지않아 교육철학 쪽으로 옮겨붙었다. 바로 존 듀이(John Dewey)의 경험주의·실용주의 운동이다. 존 듀이는 19세기 말에서 20세기로 전환되는 세기말적 분위기 속에서 개념·추리·판단을 근거로 한 실험주의적 논리를 통해 사회를 구습에서 해방시켜야 한다고 주장하였다. 그는 교육 역시 실용적으로 바꾸어 현대 생활에 필요한 다양한 기술을 익히도록 하는 것을 목표로 삼아야 한다고 강조하였다. 이러한 실용주의적 교육관은 당시 다윈의 진화론과 키르케고르의 실존주의 철학과 맞물려, 그즈음 시작된 공교육이 급속히 세속화되는 계기를 제공한다.

존 듀이의 제자들이 각급 학교의 지도자로 들어서며 공립학교에서 성경을 가르치는 일은 금지되었고, 창조론 대신 진화론을 가르치도록 강제하는 일들이 생겨났다. 이제 아이들은 가정에서도 그들을 가르칠 부모가 없게 되었고, 학교에 가서도 세속 교육적 틀 속에서 창조주와 성경의 가르침에 대해 배울 기회를 점점 잃어버리게 되었다. 많은 크리스천 교사들의 저항이 있었지만, 세속화의 흐름은 빠르고 거침없었다. 이제 남은 것은 주일학교였다. 그리고 주일학교마저 위기를 마주하게 됐다.

교회가 그립습니다

3

짝귀 미키마우스와
뇌 없는 문어

십대, 아이돌, 그리고 청소년 기관사역의 탄생

20세기에 들어서자마자 미국은 두 번의 세계대전에 직면하게 된다. 미국은 결국 1차 세계대전과 2차 세계대전에서 승리하게 된다. 전쟁터였던 유럽과 아시아의 경제가 처절하게 무너진 것에 비해, 본토가 온전한 전승국이라는 우위를 기반으로 미국의 경제는 승승장구했다. 이에 많은 미국인들은 더 좋은 세상이 올 것이라는 희망으로 높은 출산율을 보이게 된다. 이때 태어나서 1950년대에 청소년기를 보낸 사람들은 '베이비 부머'(baby boomers)라고 불렸는데, 그 이전 세대와는 확연히 다른 세대적 특징을 가지고 있었기 때문이다.

이들은 태어난 이후로 꾸준히 공교육을 받아왔다. 그것도 찰스 다윈과 존 듀이의 영향으로 세속화된 공교육 말이다. 그래서 이들은 이전 세대와는 달리 '무신론적 세계관'과 '합리주의적·과학주의적 사고'를 세대적 특징으로 가진 첫 세대가 되었다. 사회학자들은 이들에게 '십대'(teenagers)라는 이름도 붙여주었다. 1940년대 초반에 발명된 이 용어는 아이도 아니고 어른도 아닌 묘한 아이들을 기성세대와 완전히 '다른' 세대로 소개하는 유행어가 되었다.

이 '십대'들에게 관심을 가진 부류들이 또 있었으니, 그들은 장사꾼들이었다. 기존의 세대와 달리 학교에서 또래 아이들하고만 십년 이상을 더불어 자라온 아이들의 특징을 이용하면 거금을 벌 수 있을 것이라는 생각에서였다. 부모의 영향보다 또래 친구의 영향을 더 많이 받는 이 세대는 옆 친구가 좋아하는 것을 따라 좋아하는 모방 성향이 강했다. 그래서 무엇인가 입맛에 맞으면 삽시간에 그들 세계에 유행하는 새로운 현상이 생겨난 것이다. 마침 1950년대에 널리 보급된 TV라고 하는 대중매체는 이러한 현상을 더욱 부채질하여 '대중문화' 탄생의 기폭제가 되었다.

한편, 이러한 시류를 타고 '아이돌 스타'가 등장한다. 엘비스 프레슬리, 팻 분, 말론 브란도, 제임스 딘, 폴 뉴먼 등 1950년대에 대중적으로 사랑받는 스타가 등장하면서, 십대들이 특별히 좋아하는 스타들을 중심으로 그들만의 하부 문화(subculture)가 형성된다. 이들은 십대들에게 놀라운 영향력을 행사하게 되었는데, 크리스천 십대라고 해서 예외는 아니었다.

교회가 그립습니다

수많은 크리스천 부모들은 자녀들이 제임스 딘을 하나님보다 더 사랑하는 현실을 걱정했고, 제임스 딘은 '우상'과도 같은 존재라고 말하기도 했다. 그래서 그들을 '아이돌'(idol, 우상)이라고 부르게 된 것이 아닐까? 그리고 우려대로, 수많은 교회 안 십대들이 세상의 문화를 좇아 교회를 떠나가기 시작했고, 그 속도는 오늘날 한국교회의 현상보다 훨씬 심각하게 빠른 것이었다.

썰물처럼 교회를 빠져나가는 십대를 보며 "지금이 몇 시입니까?"라고 묻는 사역자들이 그때도 있었다. 산업화의 회오리바람 속에 가정은 해체되어가고, 다윈의 등장과 세속화 교육으로 다음세대의 마음에서 하나님이 희미해져 가는 그때, 제임스 딘과 엘비스 프레슬리에게 마음을 빼앗겨, 교회는 재미없고 고리타분한 곳이라며 세상으로 썰물처럼 빠져나가는 십대를 바라보던 한 목사님은 묻고 또 물었다.

"지금이 몇 시입니까?"

그는 미국교회의 문제를 자신의 문제로 끌어안고, 그 누구도 하지 못한 결심을 하게 된다. 바로 잃어버린 십대를 다시 복음 앞에 인도하기 위해 교회 건물을 떠나 세상으로 들어간 것이다. 그가 안정적인 목회자의 길을 버리고 모험을 떠난 이유는 온전히 복음 때문이었다. 그는 길거리에서, 농구장에서, 뒷골목에서, 캠퍼스 벤치에서 세상에 빼앗긴 아이들을 만나 예수님을 전하고 기도를 가르치기 시작한다. 한 사람씩 한 사람씩, 아이들이 복음을 통해 변화되고 제자로 서게 된다. 아이들이 몰려들기 시작했고, 지역마다 비슷한 성격의 모임들이 늘어나기 시작했다. 같은 마음을 가진 사역자들이 조직을 형성하게 되었고, 이 사역은 삽시간에 미국 전역으로 퍼지게 되었으니, 다름 아닌 '청소년 기관사역 운동'의 시작이다.

빌리 그래함을 첫 번째 전임 전도자로 받아들였던 YFC(Youth for Christ, 1944), 이제는 이름을 CRU로 바꾼 빌 브라이트의 CCC(Campus Crusade for Christ, 1951), 로렌 커닝햄의 YWAM(Youth With A Mission, 예수전도단, 1960)이 그러한 대표적 기관들이다. 하나님은 이 사역을 기뻐하셨다. 수많은 젊은이들이 청소년 기관사역 운동을 통해 그리스도를 주님으로 고백하는 놀라운 부흥이 일어났다. 그렇게 훈련받은 젊은이들이 자신이 변화된 것처럼 땅끝의 누군가에게 복음을 전하겠다며, 수없이 선교사로 헌신하였다. 그래서 십년이 채 지나기 전에 세계 곳곳에 CCC 지부들이 생겨났고 예수전도단 모임들이 불어갔다. 위기의 세대로 불리던 베이비 부머들은 오히려 부흥의 불씨가 되어 미국 전역에서 일어났다.

그러나 문제는 여전했다. 그들이 지역교회로는 도무지 돌아가지 않았다는 것이다!

왜 그럴까? 교회 밖 기독 청소년 모임은 날로 흥해가는데, 그들은 왜 교회로 돌아가기를 거부하였을까? 생각해보라. 1950년대의 미국교회는 여전히 1800년대의 틀에 머물러 있었다.

교회가 그립습니다

아이부터 어른까지 한자리에 모여 있고, 담임 목회자는 큰 산처럼 강대상에 우뚝 솟아 있었다. 이 새로운 세대에게 기성세대인 담임 목회자의 메시지는 마음에 와닿는 것이 전혀 아니었다. 세상은 20세기 중반을 통과하고 있는데, 교회는 여전히 1800년대의 찬양을 부른다. 그러니 그들은 설교 시간에는 졸고 찬송 시간에는 입을 닫았다. 그런 자녀들을 보며 양옆에 앉아 있는 부모는 어쩔 줄 몰랐을 것이다. 집에 돌아오자마자 "어떻게 설교 시간에 졸 수 있니?"라며 엄마는 미간을 찌푸리며 잔소리를 시작했고, "앞으로 한 번만 더 기도 시간에 눈을 뜨면 한 달 동안 외출금지 당할 줄 알아"라고 으박지르는 아빠와의 사이는 더 벌어지게 마련이었을 것이다. 다시 말해, 그때 교회는 세대 차이를 확인하고 오히려 가속화하는 장소였던 것이다.

그러나 교회 밖 기독 청소년 모임은 달랐다. 청소년들을 위해 모든 것을 포기하고 거리로 뛰쳐나온 청소년 사역자의 설교는 열정으로 타올랐다. 그들은 청소년들의 가슴에 불을 지르는 뜨거운 메시지를 선포하였다. 청소년들의 옆자리에는 또래들이 앉아 있었고, 함께 부르는 최신 복음성가는 한마디로 '쿨'했다. 일요일 아침의 촌스럽고 답답한 예배가 아니라, 청소년들의 가슴과 머리를 자극하는 신선하고 열정적인 예배였으리라. 그래서 그들은 구식의 교회를 떠나 새롭고 멋진 교회 밖 기독청소년 모임에 더욱 집중하게 되었다. 안 그래도 기존 세대와 큰 차이를 보였던 첫 번째 세대인 '베이비 부머'들은 그렇게 자신들만의 모임을 통해 교회 없이도 신앙생활을 유지할 수 있다고 천천히 믿게 되었다.

그런 세태 앞에 한 목사님이 또 질문하였다.

"지금이 몇 시입니까? 왜 아이들이 CCC 모임에는 저토록 열정적이면서, 교회로는 돌아오지 않는 것입니까?"

그는 지난 2000년 가까운 교회 역사 속에 한 번도 없었던 일을 생각해냈다. 바로 교회 밖 청소년 기관사역 모임을 교회 안으로 끌어들여 오는 것이었다! 청소년 사역에 헌신한 청소년 전문 사역자를 교회가 목회자로 고용하여, 그들에게 마음껏 청소년 모임을 할 수 있는 책임과 권한을 주는 것이었다. 미국교회는 그들에게 '청소년 담당 목사'(Youth Pastor)라는 이름을 붙였고, 청소년 담당 목사는 교회에서 동일한 시간에 별도의 장소에서 그들만의 예배를 드리기 시작했다. 그러자 아이들이 교회로 몰려들기 시작했다! 부모들도 쌍수를 들어 환영했다.

이제 아이들은 세대 차이 나는 부모와 엮일 필요없이 교회 안 별도의 장소에서 그들만의 예배를 드리며, '쿨'한 그들만의 예배 문화를 강화해갔다. 한 지붕 아래에 있지만, 별도의 교회처럼 따로 모이는 청소년 부서가 탄생한 것이다! 이것이 바로 '짝귀 미키마우스'의 탄생이다. 머리라고 하는 교회공동체에 간신히 연결되어 있는, 또 하나의 공동체로서의 청소년 사역은 교회 역사에서 그렇게 등장하였다.

교회가 그립습니다

짝귀 미키마우스와 뇌 없는 문어의 등장

1960년대에 등장한 청소년 부서(우리가 중고등부라고 부르는) 는 빠른 시간 안에 미국 전역의 교회로 퍼져나갔다. 거의 모든 교회는 청소년 사역 전문가를 찾느라 바빠졌고, 그들이 마음 껏 모일 수 있는 '교육관'을 짓는 데 총력을 기울였다. 이곳에 서 그들만의 설교, 그들만의 찬양, 그들만의 활동을 통해 청소 년들은 독보적인 기독 청소년 문화를 만들어갔고, 그것은 매우 신선한 바람을 일으켰다. 그러자 한편에서, 어린이들이 청소년 부서를 동경의 눈으로 바라보며 말했다.

"엄마, 난 언제 저기에 갈 수 있어요?"

이런 질문이 늘어나자 교회는 '어린이들도 따로 예배할 수 있지 않을까?'라는 생각을 조심스럽게 하기 시작했다. 그리고 얼마 안 가 '어린이 부서'가 생겨났다. 어린이 사역 전문가를 세 우고, 그들끼리 따로 모여 어린이들이 좋아하는 방식으로 설 교하고, 어린이들의 입에 맞는 찬양을 만들어 부르며, 어린이 들의 발달 단계에 맞는 학습 활동을 곁들인 예배 후 소그룹 모 임을 가졌다. 어린이 부서는 한마디로 폭발적인 반응을 일으켰 다. 얼마 지나지 않아 거의 모든 교회가 어린이 부서를 따로 세 웠다.

그리고 당연하게도, 이 혁신적인 불길은 미취학 어린이에게 도 옮겨붙었다. 미취학 아이들마저 "우리도 따로 예배할 수 있 어요!"라고 외쳤다. 그래서 '유치부'가 생겨났다.

그런데 조금 지내보니, 미취학 아동이라고 해서 모두 같은 것이 아니었다. 아이들 사이에도 단계가 존재했다. 방금 태어난 아이, 누워 있는 아이, 기어 다니는 아이, 서서 걷기 시작하는 아이들의 특성이 다 다르고, 그 발달 상태에 따라 학습하는 방법도 달라야 한다는 말들이 나오기 시작했다.

마침 동시대를 살았던 발달심리학자 에릭슨(Erickson)의 《아동기와 사회》(Childhood and Society, 1950)라는 저서는 그러한 흐름을 가속시켰다. 발달 단계(Developmental Stages)에 맞게 할 수 있는 활동과 불러야 할 노래와 들어야 할 이야기가 따로 있다는 전문가의 의견은 교회 안으로 그대로 들어왔다. 그래서 유치부를 둘로 쪼개어 유아부를 신설하고, 다시 유아부를 둘로 쪼개어 영아부를 신설했다.

가족과 더불어 함께 예배하였던 어린이들은 이제 2-3년 범위의 또래 그룹으로 급속도로 나뉘어졌다. 하나밖에 없었던 미키마우스의 귀가 점점 늘어나게 된 것이다. 그렇게 영아부, 유아부, 유치부, 유년부, 초등부, 중등부, 고등부를 쭉 통과한 아이들이 어떨지를 생각해보라. 이들은 태어나면서부터 부모와 다른 장소에서 따로 예배하는 것이 익숙한 또 다른 세대가 되었다. 한두 살 차이밖에 안 나는 또래들하고만 12년 이상을 주일학교에서 전문 사역자들에게 배운 첫 세대가 되었다. 이제는 어른들과 세대 차이가 나는 정도가 아니라, 서너 살만 차이가 나도 서로를 이해하기 힘든, 아니 쌍둥이도 세대 차이가 난다

교회가 그립습니다

는 새로운 세대가 되었다.

그렇게 20년을 부모세대와 따로 떨어져 예배하던 이들이 고등학교를 졸업하고 소위 '대예배'(부모세대만 따로 예배를 드리는 최근 60년 사이에 일어난 새로운 형태의 기이한 예배)에 참석한 첫날, 이들이 느꼈을 당혹감을 상상해보라. 그들의 필요에 맞지 않는 설교, 그들의 상황에 맞지 않는 예화, 그들의 발달 단계를 고려하지 않은 성경공부, 도저히 어울리기 불편한 기성세대와의 만남으로 가득한 교회는 그들에게 재앙처럼 여겨졌을 것이다. 또다시 200년 묵은 찬송을 부르게 될 것이라고 누가 예상이나 했을까? 오랫동안 이어온 예전(liturgy)은 그들에게는 낯선 이방인의 의식처럼 여겨졌을 것이고, 담임 목회자가 쓰는 표현과 용어는 통역이 필요한 외계어처럼 들렸을 것이다.

그래서 '대학부'가 생겨났다! 성인이 됐어도 아직은 '학교 다니는 아이들'이니까 따로 모이게 해달라고 요구했기 때문이다. 그리고 '청년부'가 생겨났다. 졸업은 했지만 결혼은 안 했으니 청년들만 따로 모이게 해달라고 요구했기 때문이다. 그리고 '제2 청년부'가 생겨났다. 직장에 들어간 청년들이 자기들 필요에 맞는 부서가 필요하다고 요구했기 때문이다. 그리고 '제3 청년부'가 생겨났다. 결혼은 했지만 아직 신혼인 청년들이 들어야 할 메시지는 따로 있다고 외쳤기 때문이다.

다른 세대와의 만남 없이 또래들하고만 20년 이상을 지내온 이 세대는 어떻게 하면 기성세대에 편입되지 아니하고 그들만

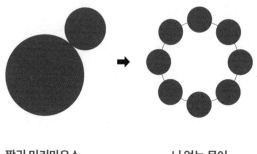

짝귀 미키마우스   뇌 없는 문어

의 '쿨'한 예배 문화를 지킬 수 있을까 고민했고, 교회는 그들을
잃어버리는 것이 두려운 나머지 그들의 필요에 맞는 목회 구조
를 만들어 친절히 응대하였던 것이다. 하나였던 부서는 문어발
처럼 늘어났고, 각 부서는 한정된 공간과 재정과 인력을 두고
서로 '경쟁'하는 구도까지 보이기 시작했다. 그렇게 하나였던
교회는 '하나됨'을 잃어버렸다. 그것이 바로 '뇌 없는 문어'이다
(위의 그림). 미키마우스의 머리(하나된 공동체)는 사라지고 여
러 개의 떨어진 귀들(연령별 부서)만이 문어발처럼 확장되었기
때문이다.

4

떨태기 부모의
방임과 위임

그래서 생긴 '떨태기 부모'

우리는 지금까지 짝귀 미키마우스와 뇌 없는 문어가 어떻게 현대 교회 가운데 등장하게 되었는지를 보았다. 우리가 중고등부라고 부르는 청소년 부서 사역이나 어린이 부서 사역이 지난 2천 년 교회 역사 중 최근 60년 사이에 일어난 새로운 아이디어라는 사실을 본 것이다. 그리고 이러한 '단절'이 기성세대와 다음세대 사이의 차이를 더욱 넓혀 놓았음을 이제 알게 되었다.

그러나 나는 의구심을 여전히 떨칠 수 없었고, 계속하여 마음속에서 질문 하나가 꾸물럭거리며 일어서는 것을 보았다. '그것이 그렇게 나쁜 것인가?' 하는 마음이다.

나는 처음 교회에 간 날이 기억나지 않는 소위 '모태 신앙'이다. 이미 나뉘어져 있던 부서 사역을 유치부에서 대학을 졸업

할 때까지 20년 가까이 경험한 사람이다. 나에게 주일학교 부서란 하나님의 말씀을 배우고 믿음의 친구들을 사귀며, 좋은 선생님으로부터 귀한 영향을 받는 내 신앙의 인큐베이터 같은 곳이었다. 아이들이 북적대던 여름성경학교를 어찌 잊으랴. 무릎 꿇고 기도하며 눈물로 부르짖었던 중등부 여름수련회를 어찌 잊겠는가 말이다. 일대일 제자훈련과 그룹 성경공부로 믿음의 기초를 다시 세웠던 대학부 때의 경험은 내 신앙을 세우는 데 결정적인 역할을 했다. 나는 '주일학교'를 사랑했고, 그래서 주일학교 교사 일을 스무 살 때부터 쉬지 않았다.

그런데 세월이 흘러 다음세대가 교회를 썰물 빠져나가듯이 떠나는 시대가 되자, 갑자기 '이 모든 것이 주일학교 탓'이라고? 나는 수긍할 수 없었다. 나는 주일학교를 사랑하니까! 지금도 그 마음은 요만큼도 변함이 없으니까!

사실, 주일학교 부서는 위험할 것이 전혀 없었다. 일주일에 한 번 그들끼리 모여서 예배하고 훈련받고 찬양하는 것이 무슨 해가 된다는 말인가?

하지만 지난 60년 동안, 우리가 알지 못하는 사이에, 짝귀 미키마우스와 뇌 없는 문어에 이은 세 번째 기이한 생명체가 교회 안에 등장하였다. 그 괴생명체는 짝귀 미키마우스와 뇌 없는 문어를 괴물로 만들어버렸다. 누구도 기대하지 않았고, 누구도 예상하지 못했던 결과다. 그 세 번째 생명체를 소개한다. 바로 '떨태기 부모'이다.

'떨태기 부모'는 (주일 아침에 아이를 교회 마당 혹은 주일학교 부서에) '떨'구었다가 (집에 돌아갈 때 다시 차에) '태'워 가'기'를 반복하는 부모이다. 떨태기 부모는 사실 교회생활에 열심인 신앙인들이다. 심지어 그들은 그들의 자녀를 그리스도의 제자로 삼는 일에 많은 관심을 가지고 있다. 열정도 있다. 그래서 주일 아침이 되면 자녀들을 열심히 깨운다.

"얘들아. 교회 가야지. 교회 가서 예배 드리고 말씀 배우고 자라가야지."

얼마나 멋진 부모인가! 그래서 아이들을 깨워서 옷을 입히고 밥을 먹여 차에 태운다. 자동차를 운전하여 교회 주차장을 통과한 후 중앙 로비까지 온 부모들은 그들의 '주요 사역'을 시작한다. 바로 자녀들을 연령별 부서에 '떨구는 것'이다. 막내는 유치부, 둘째는 초등부, 첫째는 중등부! 그런 다음 아이들의 방해가 없는 대예배 장소에서 어른들끼리 우아하게 예배를 드린다. 우는 아이도 없다. 시끄럽게 구는 장난꾸러기도 없다. 예배실을 뛰어다니는 버르장머리 없는 아이도 없다. 이 얼마나 좋은가!

떨태기 부모는 다른 떨태기 부모들과 함께 어른들끼리 예배를 시작한다. 주보를 보니 어른들의 상황에 딱 맞는 설교 제목이라서 감사의 손을 모은다. 어른들의 입맛에 맞는 찬양, 어른에게 딱 맞는 설교, 무릎을 치게 만드는 어른의 이야기를 담은 예화를 어른들의 언어로 전해주니 참 좋다.

예배가 끝났다. 어른들끼리 밥을 먹고, 어른들끼리 교제를 하고, 어른들끼리 모여 성경공부를 하고, 어른들끼리 봉사도 한다. 그리고 주일의 모든 일과(!)가 끝나고 나니 그제야 자신들의 자녀를 찾는다. 어디서? 중앙 로비에서.

떨태기 부모는 아이들을 다시 모아 차에 태우고 집으로 돌아가며 한 가지 질문을 한다. 이 질문이 60년 전까지만 하더라도 누구도 하지 않았던 이상한 질문인지를 모르면서 말이다.

"오늘 뭐 배웠니?"

막내가 이야기한다.

"다윗이 물맷돌로 골리앗을 쓰러뜨렸어요."

둘째가 이야기한다.

"예수님이 보리떡 다섯 개로 오천 명을 먹였어요."

첫째가 이야기한다.

"스데반 집사님이 돌에 맞아 순교하셨대요."

부모는 대답한다.

"아, 그렇구나. 아무튼 열심히 예배 잘 드린 거지?"

그리고 집으로 돌아가 한 주 동안 아·무·일·도 … 없·다.

"이 말씀을 너는 마음에 새기고 네 자녀에게 부지런히 가르치며 집에 앉았을 때에든지 길을 갈 때에든지 누워 있을 때에든지 일어날 때에든지 이 말씀을 '강론'할 것"이라는 신명기의 말씀(신 6:6,7)은 떨태기 부모들에게는 그저 현시대 상황과 맞지 않는 상징적인 수사일 뿐이다. "그렇게 할 수 있는 부모가

교회가 그립습니다

어디 있겠느냐"며 반문한다.

그도 그럴 것이, 모두가 바쁘지 않은가? 아이들은 학원을 일주일에 대여섯 개씩은 보통으로 다니고 있고, 청소년 자녀들은 야간 자율학습에, 학원에, 심지어 독서실까지 다니다 밤 12시나 되어서야 집에 돌아오는데, 아이들에게 말씀을 강론하라고? 매일 계속되는 야근으로 아빠들 얼굴도 보기 힘들고, 맞벌이하는 엄마들은 여가시간을 갖기도 힘든 상황에서 '오직 주의 교훈과 훈계로 양육하라'고?(엡 6:4)

게다가 더욱 결정적인 사실은 '우리 교회에는 기독교교육 전문가들이 있지 않은가?' 하는 것이다. '그들을 많은 돈을 들여 고용한 이유는 우리 아이들을 그리스도의 제자로 잘 만들어달라는 교회 전체의 바람이 있어서가 아닌가? 그들은 신학대학원을 졸업하고 설교와 제자훈련에 강도 높은 훈련을 받은 신앙교육 전문가가 아닌가? 신앙 전문가에게 맡기면 내 자녀도 신앙인이 되어야 하는 것이 당연한 일이 아닌가?'

이렇게 생각하는 것이 바로 세 번째 괴생물체 '떨태기 부모'의 정체다.

남에게 맡길 게 따로 있지

떨태기 부모는 자녀를 그리스도의 제자로 삼는 첫 번째 책임이 자신에게 있다는 사실을 쉽게 잊어버린다. 떨태기 부모는 그들의 자녀에게 말씀을 강론할 수 있는 기능마저 상실한 부모다.

그래서 떨태기 부모는 신앙 전문가에게 아이들을 맡겨놓고 그들의 자녀가 좋은 신앙인으로 자랄 것을 기대하는 '영적 방임의 부모'이다. 마치 학원에 아이들을 집어넣은 후, 그들이 좋은 배움의 사람으로 자랄 것이라고 착각하는 부모들처럼 말이다. "아무래도 전문가가 나보다는 낫지 않겠냐"며 모든 것을 전문가에게 위임하는 부모다. 그래서 주일학교는 '영적 사교육'의 현장이 되었다.

요즘 장기 결석하는 어린이들에게 주일학교 교사가 전화를 걸어서 "교회에서 오랫동안 보지 못했네. 무슨 이유라도 있니?"라고 물으면 "저 교회 끊었어요"라고 대답한다고 한다. 어떻게 교회가 끊을 수 있는 곳인가? 아이들이나 부모나 교회를 신앙을 학습하는 사교육 학원으로 이해하는 것이다.

우리는 언젠가부터 '전문가 시대'를 산다. 한 영역에서 깊은 경험과 지식을 가지고 있는 전문가를 인정하고 활용하는 시대다. 그것은 참 좋다. 그러나 한편으로 매우 위험하다. 우리는 나자신이 아니면 안 되는 영역마저도 전문가의 손길을 의지하게 되었다.

아들이 남자답게 자라길 원한다면 그 부모가 그렇게 책임지고 길러야 한다. 논산 훈련소 입구에서 아들을 들여보내며 교관에게 '우리 아이 남자 만들어주세요'라고 말해서야 되겠는가? 그 아이를 남자로 만드는 것은 그 부모, 특히 아버지의 몫이다.

교회가 그립습니다

말 안 듣는 중학생 자녀를 인간답게 만들겠다며 3박 4일 해병대 캠프에 보내는 것이 무슨 의미가 있겠는가? 수능을 한 달 앞두고 쪽집게 과외를 시킨들, 그 아이가 점수는 혹 몇 점 더 받을 수는 있겠으나, 공부하는 즐거움과 그 고결한 목적을 이해나 하겠는가?

남에게 맡길 것이 따로 있고 내가 책임져야 할 것이 따로 있다. 단기간에 배울 수 있는 것이 따로 있고, 평생을 걸쳐 배워야 할 것이 따로 있다. 더구나 신앙은 전문가의 훈련으로 단기간에 학습할 수 있는 것이 절대 아니다. 그것은 하나님이 직접 디자인하신 공동체인 가정과 교회 안에서, 믿음의 선배들을 통해 그다음 사람에게로 이어지고 전수되는 것이다.

성경 교사로 치자면 가장 탁월한 교사였던 사도 바울은 '자기에게 와서 잘 배우라'고 말하지 않았다. 그는 '내가 그리스도를 본받는 자 된 것같이 너희는 나를 본받는 자가 되라'고 신앙 전수의 본질을 분명히 외쳤다(고전 11:1). 신앙은 짧은 시간에 배울 수 있는 지식이나 기술이 아니기 때문이다. 평생에 걸쳐 자라가고 닮아가는 성숙의 과정이다.

그런 의미에서 부모는 자녀들의 신앙 형성에 있어서 가장 중요하면서도 가장 위험한 존재이다. 그 부모가 자신의 책임을 잊어버리고 그럴 수 있는 기능도 상실한 상황에서, 모든 신앙 훈련의 책임을 전문가에게 '위임'해버린 영적 방임이 신앙의 대가 끊어지는 영적 단절 현상을 가속화시킨 것이다.

-2부-

문제의 핵심은
이것이다

5

본 세대, 들은 세대,
모르는 세대

살아있는 다리 놓기

인도 북동쪽 끝에는 '메갈라야'라는 특별한 장소가 있다. 메갈라야는 '구름의 서식지'라는 뜻으로, 그 지명에서 알 수 있듯이 해발 2천 미터 가까운 고지 위에 형성된 독특한 마을이다. 게다가 연 강수량은 25미터에 달한다. 서울의 연 강수량이 1450밀리미터인 것을 감안하면, 서울보다 약 17배의 비가 내린다는 이야기이다. 세계에서 가장 축축한 땅이라 할 수 있는 이 마을엔 흔히 볼 수 없는 경이로운 다리들이 건설되어 있다. 이른바, '살아있는 다리'이다.

계곡의 이편과 저편을 잇는 다리를 허투루 짓다간 갑자기 불어난 계곡 물 때문에 쉽사리 끊어지거나 한꺼번에 휩쓸려 내려가기 십상이다. 그래서 그 많은 빗줄기와 센 강물 속에서도 끊어지지 않고 버텨낼 다리가 필요했던 원주민들은 우리가 쉽게 상상할 수 없는 방법으로 다리를 놓기 시작했다. 바로 살아있는 고무나무의 줄기를 계곡 너머로 뻗어가도록 자라게 하여, 말 그대로 '살아있는 다리'를 놓기 시작한 것이다.

이 다리는 몇 달 고생한다고 뚝딱 생기는 것이 아니다. 짧게는 수십 년, 길게는 500년 동안 공을 들이는 몇 세대에 걸친 작업이 필요하다. 그들은 할아버지의 할아버지의 할아버지의 할아버지로부터 물려받은 다리 놓는 법을 그 자녀들에게 오늘도 가르친다. 어떻게 가지를 뻗게 하여 강 건너편으로 자라가 닿게 하는지, 지금 그들이 놓고 있지만 다음의 다음세대가 되어서야 사용될 다리의 가치가 무엇인지를 매일 가르친다. 생명을 이어갈 생명 나무를 그렇게 세대를 이어 전수하는 것이다.

아마도 메갈라야 원주민들이 가장 두려워하는 것은 오늘 내리는 폭우가 아닐 것이다. 지금 당장 사용해야 할 다리가 얼마나 튼튼한지도 아닐 것이다. 대대로 전해져 면면히 이어져야 할 다리를 놓는 일의 중요성이 다음세대에게 전달되지 못하고 끊어지는 것이리라. 자신들의 삶을 든든히 받쳐주었던 살아있는 다리가 자신들의 다음세대에게도 계속 이어지기를 바란다면 말이다.

나도 그러하다. 예수는 살아있는 다리이시다. 죄 많은 인간과 죄 없으신 하나님 사이를 잇는 다리이시다. 죄악의 홍수 속에서도 끊어지지 않을, 험한 세상의 물길 속에서도 생명을 이을, 대체불가한 생명의 다리가 예수님이시다. 구약의 모든 말씀이 가리키고 있는 구원의 다리, 선지자들이 오래도록 외쳤던 메시아로서의 다리, 우리 믿음의 선배들이 지난 2000년 동안 이어왔던 생명의 다리이시다. 나는 그 다리가 우리를 살렸듯이, 우리의 다음세대와 그 다음세대를 또 계속 살리시리라 믿는다.

그러나 나는 우리의 다음세대가 그 생명의 다리를 잊어버릴까 두렵다. 그가 우리를 어떻게 살리셨는지를 잊어버리고, 자기 힘으로 살아보려고 엉뚱한 다리를 스스로 놓으려 할까 두렵다. 그래서 아까운 삶을 다른 다리 놓느라 낭비하고, 생명의 다리를 그 다음세대에게로 이어주지 못하여 대가 끊길까 두렵다.

부모세대와 다음세대가 서로 만나지 못하고 단절된 현대 교회의 구조는 그런 면에서 우리가 생각하는 것보다 훨씬 위험하다. 그럴 때 어떤 일이 일어나는지는 역사 속에서 수도 없이 반복하여 발견된다. 출애굽기에서 사사기에 이르는 이스라엘의 초대 역사가 그것을 증명한다.

'3세대 신드롬'의 재현

출애굽한 이스라엘 1세대는 하나님의 일하심을 자기의 맨눈으로 똑똑히 본 세대이다. 그들은 이 땅의 유일한 신은 여호와밖에 없음을 열 가지의 광범위한 재앙을 통해 빠짐없이 경험하였다. 약속을 믿고 제물의 피를 문설주에 발랐던 집은 살고, 그 구원의 길을 멸시하였던 집은 생명의 상징인 장자를 잃었다. 그들을 가로막았던 홍해마저 갈라져 마른 땅으로 바뀌는 기적을 두 눈으로 보았다. 그 누구도 하나님의 계획에 장애물이 될 수 없음을 그들은 자신의 두 발로 그 길을 걸으며 느꼈을 것이다. 그들은 '본 세대'였다.

그럼에도 불구하고 그들은 400년 동안 씨든 노예 근성을 완전히 뿌리 뽑지 못했다. 그들은 이집트에서 나오자마자 배고픔과 목마름의 탓을 하나님께로 돌렸다. '굶어 죽느니 차라리 이집트의 노예 생활이 나았을 것'이라며 불평하였다. 그들 대부분은 하나님의 하나님되심을 눈으로 보았으면서도 하나님의 약속을 신뢰하지 않았다. 그래서 열두 정탐꾼의 보고에 불신으로 응답하였다. '저들은 우리의 밥일 뿐'이라는 여호수아와 갈렙의 믿음의 보고는 무시되고, '우리는 그들 앞에서 메뚜기일 뿐'이라는 자괴감에 빠져 밤새 울부짖었다.

하나님은 이 믿음 없는 자들을 정탐한 날 하루를 1년으로 계산하여 40년 동안 광야에서 방황하며 죽도록 유기하셨다. 그러는 가운데 2세대가 태어났다. 출애굽 당시 미성년자이었거나 광야에서 태어난 새로운 세대는 하나님께서 어떻게 그 백성을 친히 이집트에서 이끌어내셨는지 경험해보지 못한 세대이다. 613개나 되는 까다로운 율법 조항에 대해서는 들어서 알것이나, 그 율법의 주인이신 하나님을 직접 경험하지 못한 세대이다.

40년 광야 생활을 끝내고 드디어 약속의 땅 가나안을 코앞에 둔 모압평지에서, 모세는 메갈라야 원주민들의 두려움 같은 마음으로 마지막 유언을 남긴다. 저들이 이방인들로 가득한 땅에 들어가 신민(神民)으로서 이스라엘 나라를 잘 이어갈 수 있을지 염려하며, 세 편의 설교(신명기)를 유언처럼 전하였다. 그것은 ① 우리를 인도하신 하나님을 기억하라 ② 오늘날 여호와께 순종하라 ③ 그리하면 복이 있을 것이라는 내용이었다. 오직 유일하신 하나님을 마음과 뜻과 힘을 다하여 사랑하고 순종하는 것만이 대를 이어 복을 누리는 유일한 길임을 외친 것이다(신 6:4-5). 2세대는 이렇게 하나님에 대해 1세대로부터 '들은 세대'였다.

1세대의 일부인 여호수아와 갈렙, 또 그와 함께 한 장로들은 2세대와 함께 가나안으로 진격하였다. 모세와 함께하셨던 하나님이 여호수아와 함께하셨다. 마치 홍해가 갈라졌던 것처럼 요단강이 멈추어 쌓여 섰다. 여호수아는 길갈의 열두 돌을 취하여 쌓게 한 후 이스라엘 자손에게 영원히 기념이 되도록 하였다. 모세의 경고대로 그 다음세대가 놀라우신 하나님을 잊어버리지 아니하도록 그는 마음을 다하였다.

여리고성 역시 하나님의 방법대로 무너졌고, 그들은 남과 북을 쳐서 가나안 온 땅을 정복하는 놀라운 승리를 이루어냈다. 그리고 열두 지파는 분할받은 땅에 정착하게 되었다. 그리고 행복하게 오래오래 잘 살았다…라고 끝나면 오죽 좋겠는가. 우리는 안다. 여호수아 다음의 책은 서글픈 역사의 사사기라는 것을.

"너희가 섬길 자를 오늘 택하라 오직 나와 내 집은 여호와를 섬기겠노라"고 외쳤던 여호수아에게 백성들은 분명히 다른 신을 섬기지 않겠다고 호언장담을 했었다(수 24:15,16). 백성들은 여호수아가 사는 날 동안과 여호수아 뒤에 생존한 장로들, 곧 여호와께서 이스라엘을 위하여 행하신 모든 큰일을 본 자들이 사는 날 동안에 여호와를 섬겼다(삿 2:7). 다시 말해 '본 세대'의 일부와 '들은 세대'가 살아있을 동안에는 그 믿음이 이어졌다. 그러나 사사기 2장 10절은 그 뒤의 일을 이렇게 기록한다.

> 그 세대의 사람도 다 그 조상들에게 돌아갔고 그 후에 일어난 다른 세대는 여호와를 알지 못하며 여호와께서 이스라엘을 위하여 행하신 일도 알지 못하였더라 _삿 2:10

1세대와 2세대와도 다른 3세대가 일어난 것이다. '여호와'를 보아서 알았던 1세대, '여호와의 일'을 들어서 알았던 2세대와 달리, 여호와를 알지도 못하고 여호와께서 하신 일도 모르는, 듣지도 보지도 못한 '다른 세대'가 나타난 것이다. 다른 세대가 그 땅의 주인이 되자 어떤 일이 일어났는가? 사사기 기자는 바로 그 다음 절에 이렇게 기록한다.

^{11}이스라엘 자손이 여호와의 목전에 악을 행하여 바알들을 섬기며 ^{12}애굽 땅에서 그들을 인도하여 내신 그들의 조상들의 하나님 여호와를 버리고 다른 신들 곧 그들의 주위에 있는 백성의 신들을 따라 그들에게 절하여 여호와를 진노하시게 하였으되 _삿 2:11,12

모세가 그토록 경고하였던 일이 일어난 것이다. 이에 여호와께서는 친히 그의 손을 드셔서 이방나라를 통해 자기의 백성을 치신다. 백성들은 그제야 잘못했다고 울며 용서를 비니 여호와께서 사사를 보내셨다. 사사는 이스라엘 백성을 이방민족의 손으로부터 구해냈고, 가나안 땅에 다시 평화가 찾아온다. 그러나 이 듣지도 보지도 못한 다른 세대는 또다시 영적 간음을 되풀이한다. 그래서 다시 이방나라를 들어 자기 백성을 치시는 악순환이 사사기에서 무려 일곱 번이나 반복된다. 이 막장 드라마 같은 이스라엘의 악행에 대하여 사사기 마지막 장 마지막 절은 이렇게 고발한다.

그 때에 이스라엘에 왕이 없으므로 사람이 각기 자기의 소견에 옳은 대로 행하였더라 _삿 21:25

그들은 하나님을 왕으로 인정하지 않았던 것이다. 그러니 자기 마음대로 산 것이다.

여호와를 보았던 1세대, 여호와의 하신 일을 들었던 2세대,

　　　　　　　교회가 그립습니다

그리고 여호와도 모르고 하신 일도 모르는 3세대로 이어지는 3세대 신드롬은 사실 한국교회 역사 가운데에도 서글프게 재연되고 있다.

'내가 본 예수'가 없는 세대

한국 개신교의 1세대는 놀라운 믿음의 세대였다. 일을 행하시는 여호와를 보아서 아는 세대였다. 그들은 날마다 모여 주의 은혜를 나누며, 흩어져서는 믿음을 살아냈다. 1903년 원산 부흥 운동, 1907년 평양 대부흥 운동, 1909년 백만인 구령 운동 등을 통해 기독교 전파 초기부터 실제적인 회개와 새로운 삶으로의 전환이 전국 곳곳에서 일어났다. 선교 초기 일제의 압제 속에서도 목숨을 건 순교의 헌신을 다하였고, 무너져가는 나라를 온몸으로 지탱하며 독립의 운동을 펼쳐 나갔다. 가난한 자들과 여자들을 선대하며 낮은 자와 함께 하셨던 그리스도의 본을 따랐으며, 병원과 학교 등을 설립해 나감으로 나라도 감당하지 못하던 국가 재건 운동의 중심에 섰었다. 아시아 선교 역사에서 가장 두드러졌던 나라는 다름 아닌 한국이었다.

나는 이렇게 일을 행하시는 여호와를 목격하였던 1세대의 신앙을 보며 신앙 2세대로 자랐다. 어릴 적부터 교회에 가는 것이 너무나 자연스럽고 당연한 세대로 자랐다. 교회 생활이 익숙하고 종교적 표현과 예배 형식에 거부감이 없는 자로 자랐다. 일주일이면 최소한 3일은 교회에서 보냈다. 어린이들도 수

요일에 모여 어린이 수요예배를 드렸고, 주일 오전 어린이예배, 주일 오전 대예배, 주일 오후 어린이 예배, 주일 저녁예배까지 주일이면 서너 번의 예배를 당연하게 드렸다. 부흥회도 잦았다. 1년에 네 번, 봄, 여름, 가을, 겨울마다 열리는 부흥회는 한 번 열릴 때마다 일주일씩 진행되었다. 그것도 하루에 세 번, 새벽, 점심, 저녁마다 모였다. 우리 삼형제는 부모와 함께 늘 앞자리에서 모든 부흥회를 다 참석하려고 애썼다. 말씀을 듣는 것이 일상이었다.

신앙 1세대가 자신들이 평생 모르고 살아왔던 하나님을 알게 되어 그분의 존재만으로 감격하고 만족하였다면, 신앙 2세대인 우리는 예수 믿는 사람에게 어떤 일이 일어나는지, 하나님이 어떤 일을 행하셨는지에 초점이 맞추어진 부흥사들의 설교를 숱하게 들으며 자라났다. 하나님이라는 존재 자체보다는 하나님으로 인해 일어나는 일들, 축복과 은혜와 간증과 기적과 은사와 병 나음과 축신과 방언들에 매료되었다. 그래서 하나님이 우리보다 앞선 세대에게 '행하신 일'은 익히 들어서 알고 있지만, 정작 지금 '나의 삶에서 동행하시는' 하나님을 눈으로 보지는 못한 '듣기만 한 세대'가 되었다. 그래서 예수 그리스도를 믿어 입으로 시인하는 제자라기보다, 하나님이 내 삶에 유리하게 행하시기를 원하는 종교인이 되었다. 그것은 매우 큰 차이였다.

소경이 소경을 어떻게 인도할 수 있겠는가? '내가 본 예수'가

교회가 그립습니다

없는 세대, 선조들이 믿었던 놀라우신 하나님을 귀로만 들은 세대, 그래서 들은 설교가 자기 믿음인 줄 착각하는 세대, 종교적인 형식에는 익숙해 있으나 삶으로 실천할 옷을 찢는 회개와 구원의 감격이 없는 세대, 회칠한 무덤 같은 삶을 몇 가지 종교적 표현으로 덮으려고 하는 세대가 그 다음세대에게 무엇을 전할 수 있단 말인가? 그러니 21세기에 들어 새로이 생겨난 세대가 '다른' 세대가 되어 하나님을 알지도 못하고 하나님이 행하신 일도 알지 못하는, 자기 소견에 옳은 대로 행하는 영적 사사 시대의 백성이 될 수밖에 없는 것이 아닌가?

그저 들은 세대와 떠나가는 다른 세대

다음세대를 그저 '들은 세대'로 만들어 놓으면, 그 다음세대는 떠나가는 '다른 세대'가 될 것이다. 그러니 우리는 메갈라야의 살아있는 다리를 다시 생생하게 살려내야 한다. 지금 우리 눈앞에 있는 이 생명나무가 어떤 의미인지 직접 만져보게 하고, 이 나뭇가지가 반대편 방향으로 자라가 언덕 너머에 닿게 될 수십 년 수백 년 후를 내다보며, 오늘 내가 이어야 할 자리에서 내가 감당해야 할 몫을 감당하는 세대로 우리 부모세대가 먼저 서야 한다. 우리의 자녀를 생명을 이어갈 생명나무를 직접 만난 '본 세대'로 세우고, 그들이 또 다음세대를 그리스도를 만난 사람으로 세우도록 목숨을 걸고 이어가야 한다.

믿는 자가 살아계신 하나님과 어떻게 동행하고 있는지를 부모의 삶을 통해 보여주지 못하고 철저히 단절되어 따로 떨어진 세대, 하나님에 대해 전문 사역자를 통해 들려주고만 있는 지금의 현실은 사사시대의 백성을 만들게 될 것이다. 아니, 우리는 이미 영적 사사시대에 진입하였다. 자신의 자녀들에게조차 내가 믿는 예수에 대해 보여주며 가르치고 강론할 믿음의 실력이 없는 우리는, 모세의 유언을 통해 여호와께서 강조하신 신앙 전수의 책임을 다하지 못하고 있는 것이다.

6오늘 내가 네게 명하는 이 말씀을 너는 마음에 새기고 7네 자녀에게 부지런히 가르치며 집에 앉았을 때에든지 길을 갈 때에든지 누워 있을 때에든지 일어날 때에든지 이 말씀을 강론할 것이며 8너는 또 그것을 네 손목에 매어 기호를 삼으며 네 미간에 붙여 표로 삼고 9또 네 집 문설주와 바깥 문에 기록할지니라 _신 6:6-9

교회가 그립습니다

6

영적 사교육 시대의
함정 피하기

나머지는 네 마음대로

콜로라도 스프링스의 하늘은 코발트 빛이었다. 해발 1840미터
에 형성된 하늘과 가까운 도시여서일까? 그곳에서 보는 산과
들과 하늘과 구름은 세상 어느 곳의 그것과도 닮지 않았다. 밋
밋하기 그지없는 단조로운 지형의 댈러스와는 말 그대로 천양
지차였다.

우리 가족은 댈러스에서 자동차로 11시간이나 걸리는 이곳
에 오기 위해 중간 지점인 애머릴로(Amarillo)에서 1박을 해야
할 정도로 많은 에너지를 쏟았다. 그러나 한 여름의 콜로라도
스프링스의 풍광은 그 모든 어려움을 단번에 씻어내기에 충분
했다.

결국 우리는 목적지인 오영호(Daniel Oh, OC International

소속) 선교사 가정에 도착했다. 오 선교사와 앨런 사모께서 환한 미소로 맞이해주셨는데, 오늘이 첫 만남이란 것이 무색할 정도로 친근한 환대였다.

선교사님의 집은 전형적인 댈러스의 주택과는 확연히 달랐다. 거실과 주방의 구분이 없이 탁 트인 1층과 더불어 지하층에 여러 침실과 가족 거실이 달려 있는 독특한 구조였다.

한국으로 돌아가기 전 마지막 여름방학을 어떻게 보낼까 고민하던 우리 가족은, 댈러스 신학교 선배이면서 전인적 가족관계 회복 사역인 '안전한 항구 사역'(Safe Harbor Ministry)을 하고 있는 오 선교사님을 찾아뵙기로 하였다. 한국으로 귀국하여 가정과 교회를 함께 세워가는 일을 시작하기 전에 꼭 만나뵐 것을, 댈러스 신학교에서 동학하던 민영기 목사로부터 추천받았기 때문이다.

우리는 일주일 동안 오 선교사님 가정에서 함께 먹고 자고 이야기하며, 건강한 가족을 세우는 것이 건강한 삶과 사역으로 이어진다는 당연한 명제를 우리의 눈으로 목격하는 기회를 가졌다. 오 선교사님 부부와의 만남은 책상 위의 기독교 교육을 삶의 현장으로 끄집어 내리게 된 결정적 계기가 되었다. 그 기간을 통해 나의 사역과 삶에 지속될 실제적인 통찰력을 얻게 되었다. 그와의 만남에서 받은 영향과 내용은 따로 책 한 권을 써도 다 못할 정도인데, 그중 하나만 소개하자면, 오 선교사님 가정의 '가훈'이었다. 그의 가훈은 이것이었다.

교회가 그립습니다

"하나님을 온맘 다해 사랑하고, 나머지는 네 맘대로 결정해라."

속으로 피식 웃음이 나왔다.

"정말 그렇게 자녀들에게 말씀하셨나요?"

나는 의아한 표정으로 물었다.

"그럼요. 그렇게 말힐 뿐 아니라, 그렇게 우리는 살아왔어요."

신명기의 명령이었던 '하나님 사랑과 이웃 사랑'(신 6:5; 10:12-22, 레 19:18)의 명령은 예수님께서도 다시 인용하셔서 선지자들의 율법과 강령의 요약판이라고 확증하신 것이다(눅 10:25-28). 그러니 "하나님을 온맘 다해 사랑하고 네 이웃을 네 몸처럼 사랑하라"가 맞는 것이 아닌가?

나의 의구심을 파악한 오 선교사님은 이렇게 이야기했다.

"저는 믿어요. 하나님을 온맘 다해 사랑하는 사람은, 네 맘대로 살라고 해도 주 뜻 따라 살기 마련이라는 것을요. 부모가 자꾸 이래라 저래라 할 것이 없어요. 하나님만 붙잡고 살아가는 사람이면 충분하다는 믿음과 용기만 있으면 되어요."

나는 가만히, 그리고 깊이 그 말의 뜻을 새겼다. 그리고 그날 이후로 그 가훈은 우리집의 가훈이 되었다.

비본질에 대한 자기주도적 결정

하나님 사랑에 기반한 자발적 선택은 결국 성숙으로 이어진다. 사실 아이들은 미숙하기 때문에 하나님을 사랑하는 마음과 동기에도 불구하고 좋지 않은 선택을 할 때가 많다. 그래서 원치 않은 결과가 얼마든지 일어날 수 있다. 그러나, 그것이 무엇이 나쁜가? 나는 그렇게 되도록 허용해야 한다고 믿는다. 그래서 자신이 한 나쁜 선택을 통해 나쁜 결과가 생겼음을 기억하고, 같은 실수를 되풀이하지 않으면 된다.

사실 실패는 가장 큰 배움터다. 실패를 모르는 사람만큼 위험한 사람은 없다. 그는 배움의 기회를 가져본 적이 없기 때문이다. 그러나 많은 부모들은 자녀가 실패하는 모습을 보고 싶어 하지 않는다. 그래서 일일이 챙기고 지시한다. "네가 아직 인생을 몰라서 그래. 나중에 엄마에게 고맙다고 할 날이 올 걸?" 하면서 자녀가 따라야 할 수많은 리스트를 만들어 보여주며 맹목적인 순종을 요구한다. 그래서 아이들은 자신이 원하는 삶이 아니라 부모가 원하는 삶을 살며, 자신이 원하는 것이 무엇인지를 알지 못하는 미숙한 상태를 이어간다.

'하나님을 온맘 다해 사랑하고 나머지는 네 맘대로 결정하라'는 우리집 가훈의 핵심은 '본질에 대한 변함없는 순종과 비본질에 대한 자기주도적 결정'이다. 하나님을 온맘 다해 사랑하는 것은 양보할 수 없는 삶의 목적이며 기반이며 본질이다. 우리 가정의 모든 삶의 방향은 하나님 사랑하는 것에 기초하고 그것에는 타협의 여지가 없다. 그러나 그 외에 삶에서 일어나는 모든 선택에 있어서는 각자가 생각하고 고민하여 결정하도록 맡긴다. 물론 나이가 어릴 때에는 한두 가지의 예를 들어주

교회가 그립습니다

며 좁은 선택의 권한을 주다가, 점점 성숙해갈수록 선택의 폭을 넓혀갈 수 있도록 허용해준다. 스스로 고민하고 결정을 내린 일은 성공했든 실패했든 자기 것이 되지만, 남이 내려준 선택에 의해 끌려가는 삶은 결코 자기 것이 되지 못한다.

우리 가정이 사교육, 아니 정확히 말하여 학원식 학습을 자녀에게 시키지 않는 이유도 거기에 있다. 생각해보라. 자기가 원해서 학원에 다니는 아이들은 그리 많지 않다. 부모가 시켜서 간 자리, 자신의 의사와 상관없는 그 자리에서 아이들은 학습전문가의 설명을 듣는다. 물론 그 설명은 기가 막힐 정도로 명료하다. 전문가가 하는 말이니 말이다. 그가 얼마나 많은 고민을 했겠는가? 이 어려운 이론을 저 수동적이고 피동적인 아이들에게 이해시켜야 하니 많은 연구를 했을 것이고, 심지어 그것이 매우 재미있는 설명이 되도록 철저히 고민했을 것이다. 아이들은 강사가 술술 풀어내는 그 설명을 듣고 고개를 끄떡인다. 그리고 자신이 그것을 모두 이해하였다고 마음에 안도감을 갖게 된다. 그러나 그것은 착각이다. 그 내용을 이해한 것 같은 기분이 든 것이지, 실제 그것에 대한 온전한 이해를 갖게 된 것은 아니다.

세상에는 두 가지 지식이 있다고 한다. 내가 설명할 수 있는 지식, 그리고 내가 설명할 수 없는 지식이다. 내가 설명할 수 없는 지식은 내 것이 아니다. 그저 내가 알고 있다고 착각만 하는 것이다. 예를 들어 어떤 사람이 재미있는 이야기를 들려주겠다고 말을 시작하는데, 어디서 들어본 이야기다. 그래서 '다 아는 이야기'라고 핀잔을 준다. 그러나 정작 '그러면 네가 한번 말해 봐'라고 도전하면 그 이야기를 온전히 말할 수 없다. 그것은 내가 들어본 이야기이지 내가 할 수 있는 나의 이야기는 아니기 때문이다.

내 것이 아닌 이야기

내가 말할 수 없는 이야기는 내 것이 아니다. 그런데 우리는 들어본 것을 아는 것으로 착각하는 실수를 많이 한다. 정말 제대로 된 학습자는 자기가 무엇을 알고 무엇을 모르는지를 잘 아는 자다. 그것을 '메타인지'(Metacognition)라고 한다. 'A가 맞을까 B가 맞을까'라는 일차적 수준의 사고에 머무르지 아니하고, 그보다 높은 수준에서 이것이 제대로 된 판단인지에 대한 방향까지도 생각할 수 있는 힘이 바로 메타인지다.

내가 처음 대학교를 졸업했을 땐 그 분야를 꽤 잘 아는 줄 알았다. 그러나 석사 과정을 하면서 내가 얼마나 모르고 있었는지, 배워야 할 분야가 얼마나 많이 있는지를 알게 되었다. 박사 과정을 통해선 감히 안다고 말하는 것이 얼마나 어리석은 일인지를 알게 되었다. 공부하면 할수록 무엇을 알아간다기 보다, 내가 모르고 있는 것이 이렇게 많았구나를 깨닫게 되는 것이다. 그것이 메타인지다. 학원식 학습은 이 메타인지를 고취시킬 수 없다고 본다. 그날 배워야 할 내용에 대해 고민한 사람

교회가 그립습니다

도 강사, 그것을 어떻게 쉽게 이해시킬 수 있을지 연구한 사람도 강사다. 아이들은 그저 강사가 고민한 최종 결과를 별다른 고민 없이 결론으로 '듣고 있는 것'이다. 그것은 짧은 시간에 핵심을 깨닫게 하는 효율적인 학습처럼 보이지만, 사실은 배웠다고 하는 느낌만 줄 뿐이지 실제 배움은 별로 없는 허망한 결과를 보인다. 그래서 성삭 실제 문제를 대하게 되면 맞출 수 있을 것이라는 첫 느낌과는 달리 아이들은 묘한 혼란에 빠지게 되고, 풀지 못한 문제를 뒤로하고 "알면서도 실수로 틀렸다"며 자신을 합리화하게 된다. 그리고 다시 학원으로 향해 '오답 노트'를 강사와 함께 맞추어보면서, 이 쉬운 것을 왜 틀렸는지 의아해한다. 그래서 학원에 가야 문제가 풀리고 실생활로 돌아오면 혼란에 빠지게 되어, 다시 학원을 찾는 악순환이 되풀이된다. 그리하여 자기가 무엇을 알고 무엇을 모르는지를 잘 모르는 아이가 되어간다.

이것은 믿음의 문제에서도 마찬가지다. 많은 사람들은 주일 오전에 들은 설교 말씀을 자신의 믿음으로 착각한다. 좋은 말씀을 들었으니 좋은 교인이 되었다고 말이다. 그러나 그 말씀을 가지고 고민한 사람이 누구인가? 설교자다. 그 말씀을 가지고 씨름한 사람이 누구인가? 설교자다. 이 말씀이 우리 삶과 어떻게 연결되는지를 연구하고 기도하고 물어 깨달은 사람이 누구인가? 설교자다. 청중은 단지 주일 아침에 그 결론을 들은 것이다. 그리고는 마치 내가 고민하고 씨름하고 연구하고 기도하여 물어 깨달은 것인 양 착각한다. 그러나 그것은 안다는 느낌만 있는 것이지 사실 아는 것이 아니다.

베뢰아 사람들처럼 들은 말씀을 가지고 그것이 과연 그러한가 묻고 따지고 뒹굴고 고민하며 상고하는 과정이 없으면 그 말씀은 내 믿음이 될 수 없다(행 17:11). 우리는 그런 것도 없이 설교 앞부분 조금만 듣고 이렇게 말하기 쉽다. '다 아는 이야기 또 하시네.' 아니다. 우리는 모른다. 단지 그것을 자주 들어보았을 뿐이다. 그것을 깨달아 알아야 내 믿음이다.

내가 얼마나 소망 없는 사람인지를 아는 것이 믿음이다. 나같이 부족한 자를 찾아와 만나주신 하나님을 만나는 것이 믿음이다. 남이 들려준 말씀이 아니라 내가 깨달아 아는 그 한 말씀을 붙잡는 것이 내 믿음의 실력이다.

자신이 믿음의 사람이라는 착각을 가지고 살다가 문제를 만난 후 당황해하는 사람이 많다. 그리곤 왜 풀리지 않을까 의아해 한다. '하나님이 나에게 이러실 수 있냐'고 푸념을 한다. 풀수 있다는 착각으로 살아오다가 문제 앞에서 무너져 믿음의 바닥이 드러나는 사람이 어디 한둘이던가? 마치 쪽집게 학원처럼 교회를 드나들며 삶의 모든 문제에 대한 해법을 강의처럼 듣다가, 정작 풀리지 않는 문제 때문에 교회를 탓하고 교회를 등지며 하나님을 원망하는 학원 끊은 수강생 같은 무리들이 얼마나 많은가?

사교육 걱정 없는 교회

'사교육 걱정 없는 세상'은 교회에 먼저 구현되어야 한다. 자녀들의 신앙마저 교회의 전문가에게 모두 맡겨버리고, 학원 보내놓았으니 잘 배울 것이라고 착각하는 부모처럼 영적 사교육을 시키고 있는 부모의 삶부터 개혁되어야 한다. 내가 만난 예수가 이런 분이라고 언제 어디서 누가 물어봐도 확실히 대답할 수 있어야 한다. 그렇게 '내가 말할 수 있는 믿음의 지식'을 가진 자로 나 자신을 세우고 다음세대를 세워야 한다. 성경의 몇 가지 정보를 알고 성구 몇 구절을 암송하는 것을 넘어, 말씀의 주인이신 하나님 앞에 고민하고 반박하고 거부해보다가, 결국 거역할 수 없는 사실을 깨달아 믿게 되는 참된 지식의 사람으로 자라도록 기회를 주어야 한다. 그렇게 자기 자신이 맞닥뜨린 진짜 지식은 시간을 들여 일상의 걸음을 걷지 않고서는 얻을 수 없는 것이다. 그것이 자녀를 제자 삼는 첫 번째 장소로 성경공부 교실이 아닌 삶의 현장을 택하신 하나님의 의도이다.

코로나19로 모이지 못하게 되자 많은 성도들이 당혹스러워했다. 기존의 체계가 흔들리니 당연한 것이긴 하다. 그러나 이 당혹감의 기저에 교회당이라고 하는 공간과 체제에 모든 것을 맡겨버린 영적 방임의 문제가 있다는 것을 보아야 한다. 주일학교에 자녀를 보내는 것으로 신앙 전수의 역할을 잘하고 있다고 착각한 부모세대의 배임을 회개해야 한다. 말씀 전문가가 전해주지 않으면 스스로 말씀 하나 파먹지 못하는 믿음의 실력을 보아야 한다. 교회 공간과 예배 시간 안에서 이루어지는 행위로만 예배를 제한하였던 성도의 삶을 돌아보아야 한다. 계속하여 학원을 의지하게 하는 나약한 학생과 부모를 양산한 사교육 학원처럼, 교회가 아니면 아무것도 할 수 없는 나약한 교인을 양산한 교회는 재를 뿌리고 옷을 찢어야 한다. 하나된 교회 공동체로서 함께 만날 수 없는 '단절'을 어떻게 극복할 것인가에 초점을 맞추어야 한다. 그것이 핵심이다. 이 '단절과 방임'의 문제를 이길 수 있다면 어떤 상황과 환경 가운데에서도 풍성한 영적 유산을 물려주는 아름다운 교회로 설 수 있다.

교회가 그립습니다

7

문명 교회가 실패하고
잘못한 것

연장된 청소년기

알타이산맥에 속해 있는, 몽골의 어느 이름 모를 산의 눈 덮인 고원이다. 이른 새벽부터 카자흐 부족의 아버지와 아들이 각자의 조랑말을 타고 산을 올랐다. 그들의 오른팔 위에는 검독수리 한 마리씩이 커다란 날개를 퍼덕이며 앉아 있다. 고산 지대의 붉은 여우를 사냥하기 위해 온 것이다. 수십 년 동안 많은 경험을 쌓으며 여우 사냥을 했을 아버지의 눈에서도 긴장감이 역력하다. 아들은 검독수리의 눈가리개를 벗겨내어 입에 문 후, 특유의 소리를 내어 사냥이 시작되었음을 자신의 새에게 알린다. 잠시 머뭇거리는듯 싶더니, 이내 하늘로 치솟아 오른 검독수리는 약 2미터나 되는 양날개를 활짝 펴서 황금색의 여우를 향해 쏘아놓은 화살처럼 활강하여 날아든다. 그리고… "잡왔다!" 아들의 입에서 짧은 탄성이 터져 나왔다. 둥지에서 어린 새끼를 가져와 지난 5년 동안 길러온 자신의 검독수리가 처음으로 사냥에 성공한 것이다. 오랜 시간에 걸친 훈련과 사육, 연습과 인내의 결과다.

아버지와 아들 모두 말에서 내려 사냥감을 움켜잡은 새를 향해 달려간다. 피 냄새에 흥분해 움켜쥔 사냥감을 쉽게 놓으려 하지 않는 검독수리를 쓰다듬으며 아들과 아버지는 함박웃음을 짓는다. 오늘, 이 가정의 아들은 드디어 어른이 되었다. 지난 수천 년 동안 계속되어온 카자흐 부족의 전통대로, 자신이 사육한 검독수리로 첫 번째 사냥에 성공했기 때문이다.

야생 부족의 어린이들이 성인이 되는 과정은 이처럼 매우 명료하다. 그 부족사회의 전통대로 어떤 특정한 과제를 달성하면 되니 말이다. 어떤 부족은 높은 나무에서 발에 넝쿨을 매달고 번지 점프에 성공하는 것으로, 어떤 부족은 밀림속에 들어가 황금원숭이를 사냥해 오는 것으로, 그가 이제 마을 공동체에 기여할 수 있는 성인이 되었음을 공식적으로 인정한다. 성인이 된 이후에 그들이 해야 할 기여도 명확하다. 마을에 필요한 식량을 사냥하거나 채집하여 제공하고, 마을의 여자와 아이들을 외부의 적으로부터 보호하기 위해 싸우는 일 등이 바로 그것이다.

그러나 현대화된 문명사회의 어린이들이 성인이 되는 과정은 매우 복잡해졌다. 성숙한 성인으로서 자신이 속한 사회에 어떻게 기여해야 하는지도 분명하지 않다. 우리나라에서는 불과

교회가 그립습니다

수십년 전까지만 하더라도 아이들이 장가를 가거나 시집을 가면 어른 대접을 해주었다. "이제 상투를 틀었다"라고 말하면서 말이다. 그러나 시대가 바뀌었다. 지금은 단순한 농경사회나 수렵사회가 아니다. 아이들은 어떻게 커야 할지 막막해한다.

풀러 신학교의 교수이자 유스워커 저널의 편집자인 챕 클락(Chap Clark)은 그의 책 《허트》(Hurt)에서 성인이 되기 위해 청소년기에 해결해야 할 과제로 자아감(identity), 자율성(autonomy), 소속감(belonging) 세 가지를 꼽았다. 먼저는 자신이 누구인지에 대한 자아의식(identity)을 바탕으로, 타인에 의해서 통제되거나 강제되는 인생이 아닌 '자율적인 선택'(autonomy)을 할 수 있고, 또 그 선택에 책임을 질 줄 아는 사람이 되어야 하며, 그러한 책임성 속에서 자신이 있어야 할 자리와 공동체 안에서의 편안한 소속감(belonging)을 가질 때, 그는 비로소 세상에 기여할 수 있는 성인이 된다는 것이다. 이러한 기준으로 볼 때, 나이가 몇이 되었건 아직 청소년 단계에 머물러 있는 '어른아이'들이 많은 것이 우리 사회의 현실이다.

실제로 21세기의 많은 사회학자들은 청소년기의 나이를 13세에서 30대 초반까지로 본다. 아무리 나이를 많이 먹었어도 청소년기의 과제를 그대로 가지고 있고 성인 사회로 들어갈 준비가 되어 있지 않은 이삼십대가 많은 시대이기 때문이다.

일반적인 청소년기 연령대를 벗어나 있지만 여전히 성인 그룹으로 들어갈 사회적, 심리적 준비가 되어 있지 않은 이러한 유예 상태를 '연장된 청소년기'라고 부른다. 이런 연장된 청소년기에 머물러 있는 사람들이 많으면 많을수록, 그 개인이나 사회는 미성숙한 유예 상태에서 혼란과 어려움을 겪고 있다고 볼 수 있다.

이러한 현실은 한국교회 내에도 그대로 발견된다. 한국교회는 70년대와 80년대 눈부신 경제 성장에 발맞추어 소위 '양적 부흥'을 나날이 경험했다. 그 상징적인 사건이 바로 1973년 5월 30일부터 6월 3일까지 여의도 광장에서 열렸던 빌리 그래함 목사 초청 한국전도대회였다. 17개 이상의 교단이 교파를 초월하여 운집한 이 초대형 집회는 수백만 명의 참여자와 3만 7천명이 넘는 결신자를 배출한 역사적 사건이었다.

한국 전쟁 이후 미국에 대한 기대와 신뢰가 최고조에 달했던 그 시기는 미국식 자본주의와 번영신학이 한국교회 안에 손쉽게 자리잡게 된 배경이 되었다. 부흥회를 통한 대중 전도와 집단 회심, 그래서 짧은 시간에 많은 사람들이 늘어나는 것이 바로 부흥이라는 생각이 거의 모든 신자들의 머릿속에 자리잡게 되었다. 그리고 열정적인 전도와 기도를 통해 양적으로 팽창하려는 시도가 많은 지역 교회 내에서 일어났다.

그러나 이러한 자본주의적 성장론은 한국교회의 질적 쇠퇴를 불러왔다. '예수 믿으면 복 받는다. 교회 다니면 부자 된다'는 식의 강조를 통해 자본주의의 어두운 면에 길들여져가는 사람들을 교회로 많이 불러들이기는 했지만, 아이러니하게도 경

교회가 그립습니다

제 성장과 더불어 그들의 형편이 나아지자 여가와 놀이와 여행에 시간을 쓰기 위해 교회를 빠져나가기 시작한 것이다. 이러한 현실은 그동안 한국교회가 '회원교인'을 모집하는 데에는 성공했지만, '그들을 제자로 성숙하게 하는 데에는 실패한 것이 아닌가' 하는 생각이 들게 하였다. 이러한 깨달음과 반성은 우리보다 먼저 그러한 폐해를 겪었던 미국에서 앞서 시작되었다.

우리가 잘못했습니다

"우리가 잘못했습니다."

지난 2007년에 발간된 《Reveal: Where Are You?》라는 책을 통해 시카고의 초대형 교회인 윌로우크릭 교회의 빌 하이벨스 목사가 세상에 내놓은 후회와 결심의 말이다. 소위 '구도자 예배' 등을 통해 길을 묻고 찾는 불신자들에게 민감하게 반응하며, 세련되고 안락한 예배 형식과 교회 운영 기법으로 지난 32년 동안 폭발적인 성장을 한 초대형교회인 그 윌로우크릭 교회가 세상에 내놓은 이 고백은 실로 충격적인 것이었다. 전세계 목회자들의 선망의 대상이자 닮고 싶은 모델 교회 일순위인 교회였기 때문에, 무엇이 잘못되었고 왜 그런 이야기를 꺼낸 것인지에 많은 관심이 쏟아졌다.

그런 말이 나오게 된 배경은 이렇다. 윌로우크릭 교회는 지난 30여 년의 사역을 정리할 겸 교회 내 사역자이며 학자인 그렉 호킨스와 캘리 파킨슨에게 3년에 걸친 조사, 1만 명이 넘는 사람들에 대한 설문, 120명의 일대일 인터뷰를 통해 실제로 그들의 목회가 얼마나 성공적이었는지에 대해서 일종의 보고서를 만들게 하였다. 여기서 그들은, 목회의 성공을 재는 척도로 '얼마나 교인이 많이 늘었는가'가 아니라 '얼마나 예수 그리스도의 참된 제자로 변화되었는가'를 대입하였고, 이내 참담한 결과를 받아들게 되었다. 막대한 예산을 들여 교회 안의 수많은 프로그램을 만들어서 교인들에게 제공했지만, 그것이 그들의 영적인 성숙과 제자로서의 헌신을 이끌어내지는 못했다는 결론이었다.

이 충격적 고백 후에 윌로우크릭 교회는 아예 근본부터 목회의 모든 것을 새롭게 디자인하기 시작했다. '어떻게 불신자들을 교회로 불러들일 것인가'가 아니라 '어떻게 불신자들을 제자가 되게 할 것인가'를 새롭게 묻기 시작했다. 그들의 이러한 목회적 노력의 결과로 두번째 나온 책이 바로 《Move : What 1,000 Churches Reveal About Spiritual Growth》이다. 이들은 자신의 교회 안에서 시행했던 설문과 연구를 확대하여 미국 내의 1000여 개 교회들에 대한 면밀한 조사를 실시했고, 영적으로 성숙한 제자를 길러내는 건강한 교회를 찾기 시작했다. 이 조사를 통해 두 저자는 불신자가 제자로 성장해가는 데에는 몇 단계의 '과정'이 있음을 발견하게 되었다. 그 과정은 총 4단계로, '그리스도를 알아감', '그리스도 안에서 성장함', '그리스도와 친밀함', '그리스도께 헌신함'이다. 이것을 쉽게 설명한다

교회가 그립습니다

면, 구도자 → 회원교인 → 신자 → 제자로의 성숙이라고 볼 수 있다. 이 과정 중에서 미국의 많은 교인들은 회원교인 단계인 2단계에서 자주 영적 침체를 느끼고, 그 다음 단계(신자)로 진행하지 못하는 것으로 드러났다.

이것은 한국도 예외가 아니었다. 이들의 분석을 따르자면, 한국교회는 구도자들을 회원교인으로 모집하는 데에는 성공했다고 볼 수 있다. 정치와 경제의 변혁기를 통과하며 자연스럽게 교회를 찾는 사람들이 늘어났고, 한국교회는 그들을 위한 집회와 메시지를 통하여 예수 그리스도를 소개하며, 교회와 아무 상관없던 사람들을 교회라는 울타리 안으로 들어오게 하는 데는 크게 성공하였다. 그러나 그 다음 단계로 안내하는 일에는 어려움을 겪었다. 믿는다는 것이 무엇이며, 신자의 삶이 무엇인지, 그래서 예수 그리스도를 삶의 중심이며 원천으로 두어 예수를 위해 살고 예수에 의해 사는 제자로 선다는 것이 무엇인지를 세밀히 안내하지 못했다. 구원론은 강했지만 성화론이 약했다고 할 수 있겠다. 그래서 교회의 회원 수는 늘어났지만, 세상 안에서 제자로 살아내며 자기가 심겨진 땅을 약속의 땅으로 바꾸어가는 선교적 삶이 교인들 사이에 드물었다.

윌로우크릭교회의 연구팀은 영적으로 침체되어 있는 미숙한 단계의 이 사람들을 그 다음 단계로 안내하기 위한 구체적인 준비와 목표가 교회에 필요하다고 제안한다. 그리고, 그러한 성숙의 도구로 가장 중요한 것이 '성경을 알게 하는 것'이라고 정리한다. 사실, 전혀 새로울 것이 없는 답이었다. 결국 '말씀'이었다.

나이가 들었지만 자라지 않고 미숙의 상태로 남아 여전히 청소년기의 특징을 보이는 '연장된 청소년기'의 사람들은 이렇듯 교회 안에도 그대로 존재한다. 영적인 청소년기에 멈춰 있는 이들을 성숙한 제자로 안내하기 위해서는 카자흐 부족처럼 성인이 되기 위한 구체적인 목표와 과정을 제시해 주어야 한다. 그렇다면 '신앙의 성숙'이라고 하는 붉은 여우를 잡기 위해 한국교회가 사용해야 할 검독수리는 무엇일까? 그것은 바로 '성경을 아는 것'이다. 성경 자신이 그것을 이렇게 증언한다.

15모든 성경은 하나님의 감동으로 된 것으로 교훈과 책망과 바르게 함과 의로 교육하기에 유익하니 17이는 하나님의 사람으로 온전하게 하며 모든 선한 일을 행할 능력을 갖추게 하려 함이라_딤후 3:16,17

성경은 한 사람이 온전한 하나님의 사람으로 서도록 안내하는 성령으로 감동된 말씀이다. 무리에서 제자가 되기 위해 하나님이 허락하신 거룩한 도구인 것이다.

우리 삶의 '눈 덮인 고원'은 어디?

자! 그렇다면, 그렇게 성경을 검독수리 삼아 영적 성숙이라는 붉은 여우를 잡아내야 하는 우리 삶의 눈 덮인 고원은 어디일

교회가 그립습니다

까? 그곳은 교회 본당이 아니다. 교육관 세미나실도 아니다. 다음세대를 양육하기 위해 많은 이들이 헌신하고 있는 주일학교도 아니다. 그곳은 다름아닌 우리가 일어나고 일하고 살아가고 잠드는 삶의 현장, 곧 가정과 사회이다.

아무리 뛰어난 수영 강사의 강의라 하더라도 수영을 인강(인터넷 강의의 준말)으로 배울 수는 없다. 물 안에 들어가야 수영을 배우는 일은 시작이 된다. 김연아 선수가 매주 우리 교회의 주일학교에 와서 특강을 하더라도 그 안에서 스케이팅을 배울수 있는 방법은 없다. 빙판으로 나가야 한다. 삶의 현장에서 함께 걷는 걸음 없이 교회 안의 몇 가지 프로그램으로 제자가 세워지지 않는 이유이다. 검독수리를 이용하여 여우를 잡는 일은 평야가 아니고서는 안 되고 말과 그림으로 배울 수 있는 것이 아닌 것처럼, 하나님의 사람으로 온전하게 서는 일 역시, 삶의 현장에서 이루어질 수밖에 없다.

또 하나 기억해야 할 것이 있다. 그 젊은이를 훈련시키고, 그에게 시범을 보이고, 신뢰를 보여주며 참고 기다려, 결국 그가 마을에 필요한 성숙한 어른이 되게 한 자가 바로 그의 아버지였다는 사실이다. 이것을 잊지 말라. 자녀를 성숙한 제자로 세우는 책임자는 먼저 그러한 과정을 열심히 달려온 영적·육적 아비이지, 검독수리 훈련학교의 교관이 아니라는 말이다. 이말이, 교회 안의 제자훈련 프로그램이나 과정이 전혀 필요없다는 말이 아닌 것을 독자들은 이제 알 것이다. 확장된 삶의 내용으로 자라지 못하고 교실 안에 갇혀 주입된 지식으로 남아 있는 정보 중심의 훈련이 얼마나 허망한 것인가를 강조하는 것이다.

교회가 그립습니다

-3부-

그러면 무엇부터
해야 하나?

8

세대통합의
기초를 세우라

기독 신앙의 근본 장소

우리 부부는 사실 심심한 사람들이다. 많은 이야깃거리를 가지고 있거나 독특한 경험을 했거나 현란한 말솜씨가 있는 것도 아니다. 그래서 그런지 많은 친구를 두기보다는 편안한 몇 사람과 어울려 약간은 심심하게 지내는 것을 선호하는 편이다. 그것은 부부의 관계에서도 그대로 드러난다. 제대로 된 프로포즈도 없이 결혼했고, 기억할 만한 이벤트 하나 없이 신혼을 보냈다. 옆에 있는 듯 없는 듯, 부부 싸움이랄 것도 별로 없이 지난 20년 넘는 세월을 함께 살았다. 심심~하게 말이다.

　어느 날 아내가 물었다.

　"왜 내가 좋아?"

뻔한 질문에는 답이 정해져 있는 법인데, 나는 거짓말을 할 줄 모른다.

"그냥. 좋은 데 이유가 있나?"

아내는 어느 날 갑자기 날 찾아온 사람이다. 내가 찾고 찾은 사람이 아니다. 선물처럼 하늘에서 뚝 떨어졌다. 내가 발견했을 뿐, 발명하지 않았다. 예측하지 못한 만남이었고, 거역할 수 없는 운명이었다. 사실 하나님도 그렇게 나를 찾아오셨다. 한 번도 내가 그를 먼저 구한 적이 없었음에도, 고상한 언어로 생의 목적과 인간 최고의 경지를 논하거나 추구하지 않은 나를, 아직 죄인이었을 그때에 찾아와 만나주셨다. 그래서 나의 아버지가 되어주셨다. 주인이 되어주셨다.

기독 신앙은 사실 행위가 아닌 관계이다. 그것이 다른 종교와의 확연한 차이점이다. 다른 종교는 신을 찾기 위해, 신을 만나기 위해, 혹은 자기 자신이 신이 되기 위해 고행을 하고 수행을 하고 묵상을 하고 적선을 한다. 그래서 세상 모든 종교는 신을 만나는 행위와 과정이 대단히 중요한 가치라고 말한다. 이것은 설명하기가 너무 쉽다. 인간의 경험과 잘 맞아떨어진다. 열심히 신을 구하고 찾은 사람이 신을 만난다는 것은 노력해서 얻은 당연한 결과이고 마땅한 열매이다.

그러나 기독 신앙은 그렇지 않다. 인간이 신을 먼저 찾은 적이 단 한 번도 없다. 언제나 하나님이 먼저 찾아오셔서 사람을 만나주셨고, 약속을 주셨고, 은혜를 주셨고, 관계하셨지, 우리의 선행과 묵상과 수행을 통해서 하나님을 찾아낸 것이 아니었다.

물론 기독 신앙에도 평생을 이어가야 할 묵상과 수행과 성장의 과정이 있다. 그것을 '성화'(sanctification) 혹은 '영성'(spiritual formation)이라고 한다. 그러나 그것은 구원 이후의 이야기이지, 구원의 방편이 아니다. 하나님을 만나 하늘나라의 백성이 된 구원받은 사람의 마땅한 반응이지, 구원을 얻기 위한 과정이나 노력의 일환이 아니란 말이다.

하나님은 출애굽기에서 이렇게 말씀하셨다.

너희를 내 백성으로 삼고 나는 너희의 하나님이 되리니… _출 6:7상

이것은 하나님의 의지이다. 계획이다. 하나님은 창세기 12장에서 아브람을 먼저 찾아와주셨다. 아브람은 생각지도 못했고 꿈꾸지도 못했던 것들을 하나님은 보여주시며 '내가 너에게 보여줄 땅으로 가라'고 먼저 제안하셨다. 이렇듯, 기독 신앙은 하나님이 먼저 나를 찾아와 주셔서 만들어진 관계이다. 그것이 기독 신앙의 핵심이며, 이러한 관계는 창세기에서 계시록까지 수없이 반복하여 강조된다. 요한계시록 21장 6절과 7절은 이렇게 말한다.

6또 내게 말씀하시되 이루었도다 나는 알파와 오메가요 처음과 마지막이

교회가 그립습니다

라 내가 생명수 샘물을 목마른 자에게 값없이 주리니 [7]이기는 자는 이것들

을 상속으로 받으리라 나는 그의 하나님이 되고 그는 내 아들이 되리라

_계 21:6,7

이기는 자에게 값없이 주시는 것이 있는데, 그것은 상금도 상품도 아니고 '상속'이다. 상속은 아버지가 자녀에게 물려주는 것이다. 하나님은 우리를 종교인으로 부르지 않으셨다. 하나님은 우리를 그의 자녀로 부르셨다. 그것이 우리 믿음의 성질이다. 마치 입양된 아이처럼, 접붙여진 가지처럼, 소속과 관계가 완전히 다른 차원으로 바뀌는 것이다. 요약하자면, 믿음은 '하나님과 관계하는 것'이다. 혹은 '하나님과의 관계'이다.

이것이 우리의 믿음이라면, 이 믿음의 내용을 담는 그릇도 '관계'일 수밖에 없다. 그래서 하나님께서는 그와 우리와의 관계를 체험하기 위한 이 땅의 관계로서 '가정'을 주셨다. 가정은 먼저 찾아와 관계하여 주신 하나님을 이해하기 위한 이 땅의 '비유'인 것이다.

하나님은 인간을 창조하실 때부터 인간을 관계적인 존재로 두셨다. 창세기 초반부에는 하나님의 창조 과정이 서술되어 있는데, '좋았더라'라고 몇 번이나 감탄하시던 창조주께서 '좋지 아니하다'라고 말씀하시는 첫 장면을 만나게 된다. 바로 '사람이 혼자 사는 것'이었다. 왜 하나님은 아담이 혼자 사는 것을 '좋지 않다'라고 하셨을까?

'좋지 않다'의 원어적 뉘앙스는 '옳지 않다'에 가깝다. 다시 말해 원래의 계획에서 어긋난다는 뜻이다. 하나님의 인간 창조 원래의 계획은 무엇이었나? 창세기 1장 27절 말씀에 따르면 '하나님의 형상대로 창조'하시는 것이었다. 그래서 '남자와 여자를 창조'하셨다. 하나님의 형상은 혼자가 아니었다. 하나님의 형상대로 창조되어 이 땅에 하나님의 이미지를 반영해야 할 사람이 홀로 있는 것은 그래서 하나님답지 않은 것이었다. 하나님은 성부와 성자와 성령으로 관계하시기 때문이다.

하나님의 존재 자체가 처음부터 관계적이다. 셋이면서 하나로 존재하시는 하나님의 비밀, 그것은 마치 하나처럼 서로 사랑하는 관계적인 존재다. 이렇게 하나님이 셋이면서 하나인 관계로 존재하시는 것처럼, 남자와 여자가 둘이 한 몸을 이루는 가정은 하나님이 어떠한 분이신지를 이 땅에 보여주는 출발점이요 하나님을 체험할 수 있는 첫 번째 장소인 것이다. (물론 이것은 독신이나 미혼을 부정하는 말이 아니다. 인류 보편적 디자인을 말하는 것이지, 각 개인을 향하신 독특한 부르심을 말하는 것이 아니다.)

가정은 이렇듯 기독 신앙을 설명할 때 매우 중요한 의미를 가지고 있는 근본적 장소이다. 사실 가정 안에서의 관계는 기독 신앙의 본질을 설명하는 비유로 자주 사용된다. 하나님은 우리의 '아버지'가 되어주시고, 우리는 그의 '자녀'가 된다는 비유가 그렇고, 그리스도께서 교회의 '신랑'이시며, 교회가 그의

'신부'인 것도 그렇다. 같은 하나님을 한 아버지로 모시고 사는 모든 교회가 같은 믿음 안에서 '한 형제와 자매'가 된다는 것도 그렇다. 모두 '가정' 안에서 발견할 수 있는 '관계적 용어'이다. 이렇듯 하나님은 가정을 통해 하나님을 느끼기를, 보기를 원하셨다.

하나님과 이웃과의 관계 교차점

한편, 가정은 하나님과의 수직적 관계와 이웃과의 수평적 관계가 교차되는 중요한 교차점이기도 하다. 애굽에서 400년 동안 노예로 살았던 야곱의 후예들을 이끌어내신 하나님께서, 그분의 백성이 홍해를 건너자마자 그들을 시내산으로 이끄시어 계명과 율법을 주시는 장면이 출애굽기에 나온다. 하나님은 그들이 애굽의 노예가 아니라 하나님 나라의 백성인 것을 분명히 알기를 원하셨기 때문이다. 그래서 이 땅의 종이 아닌 저 천국의 백성으로서의 구별된 삶의 규범을 계명과 율법으로 주신 것이다. 그 대표 격이 바로 모세의 양손에 들려진 두 돌판, 곧 십계명이었다.

잘 알려진 것처럼 십계명은 하나님과의 관계를 위한 네 가지 계명과 이웃과의 관계를 위한 여섯 가지 계명으로 나눌 수 있다. 앞의 네 계명은 하나님이 우리의 아버지이시고 우리는 그의 백성인 것을 분명히 말한다. 하나님은 그 백성을 독차지하고 싶어하신다는 것을 보여준다. 이웃과의 관계를 위한 여섯

가지 계명은 그 하나님의 이미지의 반영인 인간을 사랑하고 존귀하게 여기는 것이 하나님의 자녀로서 가지는 마땅한 삶의 태도인 것을 보여준다. 다시 말해 십계명은, 하늘의 관계를 이 땅의 관계로 보여주고 반영하라고 말한다. 그것이 창조 때부터 하나님이 갖고 계셨던 인간 본연의 사명이다.

여기서 주목해야 할 것은, 하나님과의 수직적 관계를 위한 계명들과 이웃과의 수평적 관계를 위한 계명들을 잇는 교차점으로 제5계명 "네 부모를 공경하라"가 쓰여지고 있다는 것이다. 하나님 외에 다른 신을 두지 않고, 새긴 우상을 만들지 않으며, 하나님의 이름을 망령되이 부르지 않고, 안식일을 기억하여 거룩히 지켜야 한다는 하나님 관련 계명들이 살인, 간음, 도적질, 거짓증거, 탐심 등의 일을 금하는 이웃 관련 계명으로 연결되기 위해서는 '부모'에 대한 공경이 관문처럼 해결되어야

교회가 그립습니다

한다는 뜻이다. 왜 그럴까? 부모야말로 하나님 사랑과 이웃 사랑의 교차점 이미지로 가장 적합한 관계이기 때문이다. 부모는 이 땅에 두신 하나님 아버지의 이미지이면서 동시에 가장 처음으로 만나는 이웃이기 때문이다.

육신의 부모를 공경하지 못하는 사람이 모든 것의 아버지이신 하나님을 어찌 경외할 수 있겠는가? 눈에 보이는 부모를 공경하지 않는 자가 보이지 아니하시는 하나님을 사랑한다고 말할 수 있겠는가? 부모는 한편으로는 이웃을 사랑하기 위한 첫 단계이기 때문이다. 가장 가까운 이웃인 가족을 공경하고 사랑하지 못하는 사람이 어찌 이웃을 소중히 여길 수 있다는 말인가?

천국 백성이지만 이 땅의 백성으로서 산다는 것은 이 수직적 관계와 수평적 관계를 한결같은 마음으로 엮어간다는 것이며, 그 교차점인 가정에서부터 천국의 백성으로서 산다는 것을 의미한다. 가정은 이 땅의 작은 천국이어야 한다는 말은 막연한 비유가 아니라 실재(實在)하는 실제(實際)여야 한다.

땅끝은 네 집 안에 있다

마지막으로 가정은, 위대한 계명(마 22:37-40)과 위대한 사명(마 28:18-20)을 수행하는 첫 번째 전초기지이기도 하다. 근대의 많은 믿음의 선배들은 성경 안에 있는 중요한 명령과 수행해야 할 사명을 대계명(Great Commandment)과 대사명(Great

Commission)으로 정리하여 따르기에 힘썼다.

대계명은 예수께서 친히 인용하고 요약하신 율법과 선지자의 강령으로서 '마음을 다하고 목숨을 다하고 뜻을 다해 하나님을 사랑하는 것과 이웃을 자신처럼 사랑하는 것'을 말한다. 대사명은 예수님의 마지막 명령으로서 '가서 모든 민족을 제자로 삼아 세례(침례)를 베풀고 분부하신 모든 것을 가르쳐 지키게 하는 것'이다. 이것들은 기독 신앙의 양대 기둥이요, 믿는 자가 평생 지키고 이루어야 할 삶의 과제이다.

그런데 많은 현대 교회들은 이 위대한 계명과 위대한 사명을 교회 안에서만 이루어지는 역사(役事)로 이해하고 있는 것처럼 보인다. 하나님을 사랑하는 것을 교회 안의 예배로, 이웃을 사랑하는 것을 지역 봉사 활동 정도로 이해하거나, 전도와 선교를 교회의 선교 지원이나 전도 사역으로만 한정하는 경우들이 잦았다. 극단적인 단순화이기는 하지만, 이 모든 것을 교회 중심으로 생각하고 실행하려 했다는 것은 사실이다.

그러나 다시 대계명을 살펴보자. 하나님을 모든 것을 다해 사랑하고, 그것을 근거로 이웃을 내 몸처럼 사랑하는 일의 첫 번째 장소가 어디일까? 가정이다. 다시 말하지만, 모든 것의 아버지이신 하나님을 사랑한다고 하면서 가정 안의 육신의 아버지를 사랑하지 못한다면 어떻게 이 계명을 온전히 수행한다고 할 수 있을까? 그 사랑에 힘입어 내 이웃을 내 몸처럼 사랑한다고 할 때, 가장 가까운 이웃인 내 가족을 사랑으로 섬기고 살피

교회가 그립습니다

지 못하는 자가 어떻게 힘을 얻을 수 있을 것인가? 위대한 계명은 가정에서부터 실천해야 마땅하다.

한편, 땅끝까지 이르러 제자 삼는 대사명의 사역 또한 지구 반대편의 일이 아니다. 사실 이것은 본질상 가장 가까운 곳에서 시작될 수밖에 없다. 예수님의 마지막 부탁이기도 한 대사명은 앞서 말한 내계명의 확장을 요구하는 것이다. 하나님과의 사랑의 관계가 이웃과의 사랑의 관계로 이어지는 이 모든 일이 멈추지 말고 땅끝까지 확장되어야 한다는 요구이다. 곧 '관계의 확장'이다. 그런데 관계의 확장은 관계로만 가능하다. 관계가 없이 이 일은 일어날 수 없다. 그래서 대사명의 또 다른 버전이라고 할 수 있는 사도행전 1장 8절은 이렇게 말한다.

> 오직 성령이 임하시면 너희가 권능을 받고 예루살렘과 온 유대와 사마리아와 땅 끝까지 이르러 내 증인이 되리라 하시니라 _행 1:8

사도행전은 이 말씀 그대로 이루어진 성령의 행적이다. 마가의 다락방에 성령이 임하시자 믿는 자들이 권능을 받았다. 그리고 바로 땅끝으로 갔나? 아니다. 그들은 먼저 그들이 놓여진 예루살렘에서 복음을 전했고 수천의 사람들이 제자로 더해지는 일들이 일어났다. 그런 다음 스데반 집사의 순교와 더불어 시작된 박해를 피해 예루살렘을 벗어나면서 빌립 집사와 또 다른 많은 제자들이 온 유대와 사마리아 지역에서 복음을 전했다. 피난길은 선교의 길이 되었다. 안디옥 지역에 세워진 교회는 드디어 그리스도인이라 불리게 되고, 사울과 바나바를 안수하여 이방인들을 위한 첫 번째 선교사로 파송한다. 그렇게 복음은 호수 한복판에서 시작된 물결이 퍼져가듯, 예루살렘에서 시작하여 온 유대와 사마리아, 그리고 땅끝까지 이른다. 이처럼 선교는 가장 가까운 곳에서부터 시작되어야 한다. 땅끝은 사실 가까이에 있는 것이다.

모든 가정에는 땅끝 사람들이 존재한다. 우리 가정에도 미전도 종족이 둘 있다. 부모와 다른 언어, 다른 문화, 다른 삶을 살고 있는 종류가 다른 종족, 나의 경우는 두 딸들이다. 우리 가정에 보내주신 이 '땅끝'에게 먼저 그리스도를 증거해야 마땅하다. 이들이 그리스도를 만나 주의 제자로 서야 하며, 그 일을 위해 이 가정에 나를 선교사로 파송하신 것이다.

땅끝까지 이르러 제자 삼는 일은 내 가정에서부터 시작되어야 한다. 선교하는 일과 제자 삼는 일은 교회 공동체의 주요 사명이기 전에, 제자로 부르신 각 사람에게 주어진 개인의 사명이기도 하다.

선교는 '하나님 사랑과 이웃 사랑의 확장'이다. 하나님을 사랑하고 이웃을 사랑하는 일들이 특정한 지역, 특정한 공동체, 특정한 사람에게서 멈추어져서는 안 된다는 경고이다. 그래서 땅끝까지 가서 이 일을 증거하라고 명령하신 것이다. 우리는 이 일을 각 가정에서부터 시작하여 세상 끝날까지 멈추지 말아

교회가 그립습니다

야 할 것이다.

하나님 사랑과 이웃 사랑의 계명, 땅끝까지 이르러 제자 삼는 사명의 첫 번째 장소로 하나님은 가정을 디자인하셨다. 하나님은 이 땅을 창조하신 첫 순간부터 그것을 염두에 두시고 아담과 하와를 가정으로 묶으셨다. 그렇다면 이것을 어떻게 실천할 것인가? 감사하게도 대계명과 대사명을 이루기 위한 원리로 삼을 말씀이 있다. 신명기 6장 4절에서 9절의 말씀이다.

> [4]이스라엘아 들으라 우리 하나님 여호와는 오직 유일한 여호와이시니 [5]너는 마음을 다하고 뜻을 다하고 힘을 다하여 네 하나님 여호와를 사랑하라 [6]오늘 내가 네게 명하는 이 말씀을 너는 마음에 새기고 [7]네 자녀에게 부지런히 가르치며 집에 앉았을 때에든지 길을 갈 때에든지 누워 있을 때에든지 일어날 때에든지 이 말씀을 강론할 것이며 [8]너는 또 그것을 네 손목에 매어 기호를 삼으며 네 미간에 붙여 표로 삼고 [9]또 네 집 문설주와 바깥 문에 기록할지니라 _신 6:4-9

소위 쉐마(shema)로 불리는 이 구절은 이스라엘 백성의 민족적 정체성 구현과 전승을 위한 대원리일 뿐만 아니라 위대한 계명과 위대한 사명을 이루기 위한 하나님의 디자인으로, 현대를 살아가는 한국의 그리스도인에게도 동일한 원리와 기반을 제공한다. 이 말씀에는 먼저 하나님 나라 백성의 삶의 '목표'가 선포되고 있다. 4절과 5절 말씀이다.

⁴이스라엘아 들으라 우리 하나님 여호와는 오직 유일한 여호와이시니 ⁵너는 마음을 다하고 뜻을 다하고 힘을 다하여 네 하나님 여호와를 사랑하라

이것이 목표다. 이것이 목적이다. 상천하지에 유일하신 여호와 하나님을 아는 것과 그분을 우리의 모든 인격을 동원하여 사랑하고 의지하는 것이 우리 믿음의 목표다. 유일하신 하나님 한 분만을 붙잡고 사는 것이다.

신명기는 가나안 입성을 눈앞에 둔 후대에게 전한 모세의 유언이라고 전술하였다. 이제 눈을 감아야 할 모세 입장에서 가장 두려운 것이 있다면, 이 광야 세대가 가나안 땅에 들어가서 하나님과 그분이 행하신 일들을 잊어버리는 것이었다. 젖과 꿀이 흐르는 가나안 땅에서 젖과 꿀에만 눈이 멀어 하나님을 놓아버리는 것이었다. 그래서 모세는 힘주어 말한다. 마지막으로 외친다. 하나님이 바로 '젖과 꿀'이라고. 우리가 어느 길을 가든 어디에 놓여 있든, 하나님 한 분만 붙잡으면 바로 그곳이 젖과 꿀이 흐르는 약속의 땅이라고 말이다. 그러나 이 단순하고도 분명한 진리를 그 다음세대는 잊어버렸다.

그들은 하나님'도' 붙잡고 가나안 이방신'도' 붙잡았다. 하나님 한 분만으로는 내심 불안했기 때문이다. 가나안에 와보니 별세계가 있었기 때문이다. 하나님은 '안 된다'고 하고 '기다리라'하는데, 이방신은 '된다'고 하고 '지금 주겠다'고 하기 때문이다. 속시원히 주고받는 이방신과의 관계가, 끝을 알 수 없는

교회가 그립습니다

여호와와의 관계보다 명쾌하게 보였기 때문이다. 그리고 그들은 천천히 하나님을 구석방으로 몰린 노인처럼 대했다. 왕이신 하나님을 왕으로 인정하지 않고 인간 왕을 구했다. 자기 눈에 보이는 대로, 제 소견에 옳은 대로 행했다. 그렇게 서글픈 사사 시대가 도래했다.

한국은 이미 영적 사사시대에 들어섰다. 유일하신 하나님만 붙잡지 않았기 때문이다. 가나안 땅의 이스라엘 백성처럼 하나님 한 분으로는 불안했기 때문이다. 그래서 하나님도 붙잡고 돈도 붙잡고, 하나님도 섬기고 권력도 섬겼기 때문이다.

원래 하나님 한 분만 붙잡으면 아무것도 두렵지 않는 법이다. 영혼을 죽이기도 하시고 살리기도 하시는 하나님 한 분만 두려워하면 육신의 죽음조차 두려워하지 않을 수 있다(삼상 2:6,7). 몸은 죽여도 영혼은 능히 죽이지 못하는 자들을 두려워할 이유가 없다(마 10:28). 그러나 하나님 한 분을 두려워할 줄 모르는 자들은 별것이 다 두렵다. 하늘빛만 이상해도 불안하고, 날짜와 숫자와 미물까지도 두렵다. 그래서 별 걸 다 붙잡으려고 한다. 하나님 한 분을 붙잡지 못하니 여러 가지를 붙잡으려고 평생을 발버둥친다. 삶이 복잡해진다.

9

가정에 세 가지
기둥을 세우라

세상이 줄 수 없는 것을 물려주기 위해

2020년 11월, 우리집은 결혼 후 열네 번째 이사를 마쳤다. 이
제 이사에는 도가 텄다. 이사할 때마다 잘 따져야 하는 것이 있
다. 소위 '손 없는 날'이다. 이삿짐 업체 달력에 며칠 간격으로
특별한 표시가 되어 있는 날이다. 사람들은 음력으로 끝자리가
9나 0으로 끝나는 날에 이사하면 귀신의 방해를 받지 않는다
고 하여 '손 없는 날'로 정하고 따른다. 소위 '길일'이다. 그래서
서로 이사하려고 하니 이삿짐 업체에서는 더 비싸게 부르는 날
이기도 하다. 나는 그래서 일부러 '손 많은 날'이 언제냐고 이삿
짐 업체에 묻는다. 아무도 이사하려고 하지 않는 소위 '재수 없
는 날'에 이사하겠다고, 귀신이 버글버글 들끓는 날이라도 좋
으니 싸게만 달라고 요구한다. 난 그런 숫자와 귀신이 두렵지

않다고 말이다.

많은 사람들은 지금도 하나님 한 분을 두려워하지 않기에 다른 것으로 불안에 떨며 산다. 한 고개 넘으면 또 다른 고개를 만나는 첩첩산중의 인생을 산다. 그러나 하나님 한 분만 붙잡는 믿음의 사람은 다르게 산다. 두려운 일을 만나도 두려워하지 않을 안목과 배짱이 생긴다. 사망의 음침한 골짜기로 다닐지라도 해를 두려워하지 않을 것이라는 다윗의 시는 험난한 피난길에 쓰여진 것이었다. 원수의 칼날도 주의 지팡이와 막대기에는 비할 바가 아니었다. 거기에서 오는, 세상이 줄 수 없는 안위가 그에게 있었기 때문이다. 그 믿음을 다음세대에게 물려주어야 한다. 그것이 삶의 목표이고, 믿음의 목표이다.

그렇다면 이 목표를 어떻게 이룰 수 있을까? 하나님은 모세의 입술을 빌어 그 구체적인 실행 원리까지 신명기(6장)에 남기셨다. 6절에서 9절 말씀이다.

6오늘 내가 네게 명하는 이 말씀을 너는 마음에 새기고 7네 자녀에게 부지런히 가르치며 집에 앉았을 때에든지 길을 갈 때에든지 누워 있을 때에든지 일어날 때에든지 이 말씀을 강론할 것이며 8너는 또 그것을 네 손목에 매어 기호를 삼으며 네 미간에 붙여 표로 삼고 9또 네 집 문설주와 바깥 문에 기록할지니라

이 네 절의 말씀 속에는 세 개의 중요한 기둥이 있다. 그것을

3E의 원리라고 해두자. 영어 알파벳 E로 시작되는 Engrave(새기라), Empowerment(세우라), Environment(조성하라)가 그것이다.

첫째, 부모 마음에 먼저 새기라(Engrave)

모세는 먼저, 지금 자신이 말하는 이 모든 명령을 마음에 새길 것을 6절에서 요구하고 있다. 그러나 이 말씀에 대한 오해가 있다. 지금도 많은 독자들은 자녀들의 마음에 주의 말씀을 새겨넣는 끌과 망치를 들고 있는 자신의 모습을 상상하고 있을 것이다. 그렇지 않다. 자녀의 마음이 아닌 부모 자신의 마음에 새기라는 말씀이다.

모세는 4절에서 '이스라엘아 들으라'고 외쳤다. 2절 말씀에 의하면, 모세 앞에는 지금 최소 삼대가 모여 있다. 너(여호수아 세대), 네 아들, 네 손자들이 바로 그들이다. 그래서 '이스라엘아'라고 단수로 그들을 부른 것이다. 이어지는 5절부터 8절까지 나오는 모든 2인칭 대명사는 '너희'라고 복수로 부르지 않고 오직 '너'라는 단수 인칭대명사를 쓰고 있다. 눈앞에 있는 삼대 모두에게 말하는 것이 아니라, 이 말씀을 먼저 받고 있는 여호수아 혹은 여호수아 세대 한 사람 한 사람에게 명하는 것이리라. 그렇다. 이 말씀을 먼저 받아 먼저 새겨야 할 한 사람이 필요하다는 것이다. 부모세대인 여호수아 세대가 먼저 이 말씀을 자신의 것으로 받아 가슴에 새기지 않으면 이 일은 일어나

교회가 그립습니다

지 않는다.

"어린이는 마치 젖은 시멘트와 같다. 무엇이 그 위에 떨어지든 영원히 자국을 남긴다"라는 아동심리학자 하임 기노트(Haim Ginott)의 말 때문인지, 우리들은 아이들의 마음을 텅 빈 캔버스처럼 생각하는 경향이 있다. 그래서 부모가 원하는 방향과 목적대로 그 위에 영원한 그림을 그릴 수 있다고 생각한다.

이 말은 반은 맞고 반은 틀리다. 어린아이의 마음에 남겨진 인상이 평생을 가는 것은 맞다. 그러나 그 그림은 부모의 손에 들린 붓으로 그려지는 것이 아니다. 딱 맞는 비유는 아니지만, 아이들은 마치 데칼코마니(물감을 바른 종이를 반으로 접어 거울 상의 이미지를 만드는 미술 기법) 같은 것이어서, 부모의 가슴에 그려진 것들이 거울에 비친 것처럼 반영되어 그들의 가슴에 나타난다고 보는 것이 더 가깝다. 부모 마음에 먼저 새겨지지 않은 하나님 나라의 원리가 자녀 마음에 아로새겨질 것을 기대하는 것은 어리석은 일이다.

둘째, 부모가 부지런히 가르쳐 세우라(Empowerment)

그런 다음에 모세는 '…부지런히 가르치며 … 이 말씀을 강론할 것'을 부모인 여호수아 세대에게 요구하고 있다. 노예로 살았던 치욕적인 400년의 시간을 뒤로 하고, 이제 이스라엘은 모세의 지도 아래 한 국가로 서 가고 있다. 비록 영토도 없이 광야에서 40년을 방황하며 선대는 죽어갔지만, 드디어 왕이신 하나님이 약속하신 가나안을 코앞에 두게 되었다. 모세는 이들이 하나님의 백성으로, 제사장 나라로, 이방 국가 사이에서 밤하늘의 별처럼 빛나기를 고대했다. 그러기 위해서는 하나님이 어떤 분이신지, 어떤 일을 행하셨는지, 그의 백성은 어떤 삶을 살아야 하는지 기록하고, 기념하고, 기억하게 해야 했다.

그러나 모세는 자기의 날이 얼마 남지 않은 것을 알고 있었다. 그렇다면 이 중차대한 일을 누구에게 어떻게 맡길 것인가? 요즘 같으면 리더십을 이어받을 여호수아에게 국가건립위원회를 구성하게 하고, 종교와 교육 전반에 걸친 미래 목회와 교육 로드맵을 작성케 한 후 국민에게 제시하게 할 것이다. 그리고 이 나라에 필요한 인재를 양성하기 위하여 쉐마 학당을 신설하고 최고의 랍비들을 배치하여, 전 세계에 이바지할 글로벌 리더를 키우게 할 것이다.

그러나 모세는 그렇게 하지 않았다. 아니, 하나님은 그렇게 명하지 않으셨다. '회막 앞에 있는 레위인들에게 부지런히 아이들을 보낼 것이며…'라고 하지 않으셨다. '일주일에 한 번 안식일이 되면 종교교육을 시행할 것이며…'라고 하지도 않으셨다. 이 모든 일을 부모세대 각 사람의 책임으로 정하셨다.

하나님은 이렇게 명령하셨다. 부모가 직접, "앉았을 때나 길을 갈 때나, 누워 있을 때나 일어날 때나, 즉 삶의 모든 정황에서 이 말씀을 강론하라"고 말이다. 이것이 임파워먼트(em-powerment)다. 캐임브리지 사전은 이 단어의 뜻을 '원하는 것을 행하거나 일어나는 일을 감당하기 위한 자유와 힘을 얻게 하는 일련의 과정'이라고 설명하고 있다. 어떤 일이 일어나도, 어떤 일이 벌어지더라도 그 일을 수행하고 해결할 수 있도록 힘과 의지를 제공하는 것이라 할 수 있겠다.

일주일에 한 번 말씀을 텍스트(text)로 가르치는 것은 이러한 힘과 의지를 발현하게 하는 데 큰 도움이 되지 않는다. 삶의 모든 정황(context) 속에서 믿는 자가 어떤 선택을 하며 무엇을 힘의 근원으로 삼아 살아야 하는지 보여주는 것이 가장 확실한 방법이다. 그래서 모세는 이 교육의 책임을 레위인이나 랍비들에게 두지 않았다. 매일 매일 함께 살아가며 모든 삶의 문제들을 함께 통과할 부모에게 두었다. 그리고 일주일에 한 번 있는 쉐마 학당 클래스가 아니라, 앉고 일어서며 들고 나는 삶의 모든 정황이 하나님을 배우고 하나님의 말씀대로 사는 현장이 되게 하라고 요구한다. 그것이 가정이 아니고 무엇인가?

이것은 현대를 살아가는 크리스천 부모들에게 매우 큰 도전이 되지 않을 수 없다. 내 힘과 내 의지가 아니라, 하나님이 친히 세우시는 은혜(empowerment)를 구하고 의지하며 살아가는 하늘나라 백성으로 우리의 자녀세대를 세우기 원한다면, 삶이 배움터가 되게 부모가 삶으로 강론하여야 한다.

셋째, 부모가 환경을 조성하라(Environment)

모세는 명한다. "너는 또 그것을 네 손목에 매어 기호를 삼으며 네 미간에 붙여 표로 삼고 또 네 집 문설주와 바깥 문에 기록할 지니라." 정통파 유대인들은 이것을 문자 그대로 지금도 지킨다.

유대인들은 기도를 할 때 토라의 구절이 적힌 작은 가죽 주머니를 이마에 쓰고 팔에 두르는데, 이것을 테필린(tefillin)이라 한다. 손목에 매고 미간에 붙이라는 말씀을 그대로 따른 것이다. 한편, 히브리 말로 '문설주'를 뜻하는 메주자(mezuzah)라는 상자에 양피지를 넣어 보관하고, 그것을 각 문 오른쪽에 붙여 놓고서 들고 날 때마다 그것을 손으로 쓰다듬는다. 그 양피지 안에는 신명기 6장 4-9절과 11장 13-21절 말씀이 빼곡히 적혀 있다.

모세는 왜 이러한 요구를 하였을까? 손목, 미간, 문설주와 바깥 문은 가족들의 시선이 가장 많이 닿는 곳이다. 매일 보지 않고서는 지나칠 수 없는 곳들이다. 그 모든 곳에 '쉐마'의 명령들을 기록하여 기념하고 기억하게 하라는 요구다.

나에게는 작은 트라우마가 있다. 누군가를 집으로 초대하는 일에 대한 작은 두려움이다. 그 기원은 아주 어렸을 적으로 거슬러 올라간다. 어릴 적 학교 친구들을 집에 초대한 적이 딱 한 번 있다. 나의 생일이었다. 나는 그날 너무 흥분한 나머지 약속 시간 한 시간 전부터 대문 위에 있는 작은 옥상을 오르내리며 아이들이 오고 있는지를 수십 번 확인했다. 드디어 친구들이 손에 선물 하나씩을 들고 찾아오기 시작했다.

그런데 분위기가 요상했다. 아이들은 마루에 들어서면서부터 흠칫 놀라는 눈치였다. 마루에 걸려 있는 예수님 초상화 때문이었다. 굵은 웨이브 머리를 하고 오른쪽 위를 비스듬히 바라보는 파란 눈을 가진 서양인의 얼굴이 가족사진이 걸려 있을 법한 자리에 크게 자리하고 있었기 때문이다. 다른 한쪽에는 성구(시편 23편으로 기억한다)가 적혀 있는 커다란 액자가 횡으로 걸려 있었다. 한 달에 한 번씩 넘기게 되어 있는 종이 달력도 교회에서 받은 것이어서 성화가 벽의 절반을 차지하고 있었다.

드디어 생일상이 나왔다. 친구들은 한 번 더 놀랐다. 평소 밥상으로 쓰는 그 상 위에는 구부러진 지팡이를 들고 있는 목자 예수님이 어린 양을 안고 서 계셨기 때문이다. 우리집은 그런 집이었다. 나는 그것이 너무나 익숙하고 당연했지만, 안 믿는 친구들에게는 낯설고 이상한 모습으로 비추어졌을 것이다.

그래서 결심했다. 결혼하고 아이를 낳으면, 나는 우리집을 보통의 집으로 꾸미겠노라고. 종교적 상징물을 걷어낸, 행복하고 따스한 집이 되게 하겠다고. 그리고 정말 그렇게 실천했다. 당연히 걸려 있어야 할 가족사진을 거실 한 켠에 걸었고, 교회 달력은 받자마자 창고 안에 넣어두었다. 소위 말하는 교패도 현관문에 붙이지 않았다. 교회에서 붙이고 가시면 바로 떼었다. 종교적 상징물을 집 안에 걸어두는 것은 주술적 무속 신앙이라고 말했다. 소위 개혁신학을 하고 있는 목사에게는 나무 십자가나 성화도 형상화된 미신일 뿐이라고 말하며 집안 어디에도 걸지 않았다. 그리고 십수 년이 지났다. 기도 중에 하나님의 음성이 마음에 울렸다.

"아들아. 이 집은 누구의 집이냐?"

"네, 하나님 아버지의 집입니다."

나는 대답했다. 주께서 다시 내 마음에 말씀하셨다.

"그런데 내 집이라는 표시가 한 군데도 없냐? 섭섭하구나. 아들아."

나는 그제야 깨달았다. 구석방에 내몰린 노인처럼 하나님을 대접하고 있었다는 사실을 말이다. 이 집의 가장이 누구인지 분명히 하지 않고 있었다. 나는 그 음성을 듣고 마음을 다시 먹었다.

작지만 예쁜 나무십자가를 구입했다. 벽 한쪽에 블랙보드를 걸어놓고 그 위에 우리집 가훈을 크게 써놓았다.

"하나님을 온맘 다해 사랑하고, 나머지는 네 맘대로 결정해라."

작은 기도용 십자가도 TV 옆에 세워놓았다. 두 딸 아이들의 눈길이 닿을만한 곳에 하나님께서 이 집의 가장인 것을 알리는 표시들을 붙이고 세우고 달았다.

환경이 내용을 만든다. 또 환경은 내용을 강화한다. 가정환경 자체가 성경책이 되게 하고, 가정환경이 배운 말씀을 강화하게 해야 한다. 테필린과 메주자가 아니더라도, 지금 우리가 거하고 있는 이 장막이 여호와의 것임을 표시하는 당신만의 환

교회가 그립습니다

경을 조성하라. 그리고 그것을 기록하고, 기념하고, 기억하게 하라. 그것이 마지막 E, Environment(환경)이다.

이처럼 가정은, 상천하지에 유일하신 하나님 여호와만 붙잡고 살아가는 신앙을 그 다음세대에게 물려주는 가장 중요한 장소이다. 부모세대는 이 진리를 먼저 그들의 마음에 새기고(Engrave), 삶의 모든 정쳥을 통하여 가르치며(Empowerment), 그것을 기록하고 기념하고 기억하도록 환경을 조성해야(Environment) 한다. 그러나 많은 가정들은 이 일에 실패하고 있다. 사탄 마귀가 전략을 바꾸었기 때문이다.

이제 사탄은 문명화된 사회 속의 크리스천들을 사자 우리에 집어 던지거나 끓는 가마솥에 넣지 않는다. 그러면 그럴수록 오히려 들불처럼 번지는 것이 기독 신앙이기 때문이다.

사탄은 더욱 영리해졌다. 기독 신앙의 핵심인 관계를 깨뜨린다. 신앙 전수의 전초기지인 가정을 무너뜨린다. 남편과 아내가 등을 돌리게 한다. 부모와 자녀가 서로의 얼굴을 볼 틈이 없도록 바쁘게 한다. 세대와 세대가 만나지 못하게 한다. 노인과 청년이, 남자와 여자가, 진보와 보수가 서로를 혐오하게 한다. 보이지 않는 하나님 아버지의 형상인 육신의 아버지를 저주하게 한다. 부모로부터 받은 학대 때문에 가정마다 쓴 뿌리가 평생에 걸쳐 자라게 한다.

상처 없는 가정이 없다. 온전한 관계가 드물다. 여호와의 장막으로 기능하는 가정이 드물다. 그것이 사탄의 최신 전략이며 현재로선 너무나 잘 먹히는 것처럼 보인다. 그렇다면 이 일을 어떻게 할 것인가?

　다음 글에서는 깨어진 가정을 회복하기 위하여 하나님이 디자인하신 또 하나의 가정을 만나게 된다. 바로 '교회'이다.

10

교회가 클럽 아닌
가정이 되게 하라

교회 세우기의 기준과 오해

2014년 1월 어느 날, 아무런 연고도 없던 용인 동백으로 우리는 이사했다. 하나님이 기뻐하시는 교회 개척을 꿈꾸며 말이다. 누구는 동백이 작은 교회의 무덤이라 했다. 이름만 대면 바로 아는 대형교회들의 지교회가 곳곳에 버티고 있기 때문에, 이름 없는 개척교회들이 수도 없이 문을 열고 닫는 곳이라 하였다. 개의치 않았다. 나는 그곳이 좋았다.

개척하는 교회는 전통적 개념의 가족을 지키면서도 새로운 형태의 가정에 활짝 열려 있는 교회가 되기를 바랐다. 깨어진 가정에 대한 배려와 지원을 늦추지 않되 잃어가고 있는 가족 가치를 재발견하고, 흩어지든 모이든 우리가 한 가족이라는 가족주의(familialism)적 신앙과 삶을 외치고자 하였다. 따라서 가족 가치에 대한 보편적인 동의가 어느 수준 이상 남아 있는 지역이라면 개척 장소로 더할 나위가 없었다. 가장 큰 걸림돌 하나를 넘고 시작하는 것과 같기 때문이다. 이런 기준을 세우고 전국의 몇 군데 지역을 후보군으로 삼아 방문했다. 그리고 고심 끝에 용인 동백으로 마음을 정했다. 모든 기준을 온전히 만족시키지는 않았지만, 동백은 많은 가능성을 가진 지역이었다.

그렇게 교회 개척 장소로 동백을 정하고 드디어 이사를 마쳤다. 예배드릴 장소가 없었음으로 자연스럽게 살고 있던 아파트가 예배 장소가 되었다. 소위 개척 멤버도 없이, 개척 자금도 없이, 모교회의 지원도 없이 말이다. 그러나 나에게는 소망 찬 꿈과 분명한 계획이 있었다. 하나님께서 이 일을 기뻐하신다는 확신도 있었다. 그 근거는 이것이었다.

먼저 나에게는 오랜 기관사역의 경험이 있었다. 수없이 많은 교회들을 돌아보며 교회가 무엇인가에 대한 직간접적인 경험을 하였다. 또한 무엇인가를 새로 시작하는 것에 대한 두려움이 없었다. 아무것도 없는 것에서 무엇인가를 새로 만들어야 하는 일들을 기관 안에서 지금까지 해왔기 때문이었다. 또한 훈련하는 일에 대한 실제적인 준비가 있었다. 그동안 목회자들과 교사와 부모들을 훈련하는 일을 통해 쌓인 세미나 자료와 만들어 놓은 기타 자료들이 컴퓨터 저장장치에 한가득이다.

한편, 댈러스신학교에서 교육학을 전공하며 미래 목회를 위해 고민한 것들이 있었다. 서던 신학교에서 가정 사역을 전공하며 존스 교수와 박사 과정 동료들로부터 받은 신선한 자극들도 있었다. 유학 기간 동안 매일 5시간 이상 개인성경연구에 매진하며 설교 준비에도 만전을 다하였다. 설교 자체에 대한 두려움은 있었지만, 설교 준비와 전달에 있어서는 어려움이 없었나.

게다가 내 마음엔 다른 욕심이 없었다. 큰 목회를 하겠다는 섣부른 야망도 없었고, 자기 이름을 내겠다는 비뚤어진 공명심도 없었다. 정말 그 점에는 부끄러울 것이 없었다. 모든 것이 풍족했다. 이제 교회 홈페이지를 만들고, 그를 통해 교회의 비전, 사명 선언, 핵심 가치와 미래 비전을 제시하고, 그동안 준비했던 설교를 충실히 잘 전하고, 훈련을 행할 일만 남았다. 기도했다. 이 일에 합당한 개척 멤버를 보내달라고, 같은 뜻을 가진 하나님의 일꾼들을 보내달라고, 그래서 함께 힘을 모아 아름다운 주님의 교회를 세우게 해달라고.

그렇게 기도하며 개척을 준비하던 어느 날, 주께서 내 마음에 이렇게 말씀하시는 것을 느꼈다.

"그게 교회냐?"

나는 충격을 받았다. '왜요?' 주께서는 침묵하셨다. 답답했다. 화가 났다. 내가 교회를 개척하기 위해 무엇을 포기했는지가 떠올랐기 때문이다. 확실하고 편한 것을 포기하고 불확실하고 불편한 상황을 선택했는데, 주님은 '그게 교회냐'며 핀잔을 주시는 것이다. '왜요, 주님? 제 마음 아시지 않습니까? 제가 저 좋자고 개척합니까? 주님이 원하시는 교회 아닙니까?' 나는 답답한 마음에 따지듯이 덤벼들며 물었다. 주님이 마음에 답을 주셨다.

"그건 네 생각이고! 그게 교회냐? '클럽'이지! 같은 뜻을 가진 사람이, 같은 마음을 가지고, 같은 목적을 향해 달려가면 그게 라이온스 클럽이지, 교회냐? 교회는 그런 게 아니야. 태어나는 거야. 모집하는 게 아냐. 내 마음 같지 않은 사람, 말을 해도 못 알아듣는 사람, 아무리 사랑을 줘도 변하지 않는 사람, 별 도움이 되지 않는 사람, 별의별 사람들이 태어나며 함께 지어져 가는 게 교회야."

나는 그 자리에서 엎어져 기도했다. 회개의 눈물이 나왔다. 교회가 가족이라고, 가정 같은 교회로 서야 한다고 말은 해왔으면서, 정작 나는 교회를 '조직'하려 하였다. 교인들을 '모집'하려 하였다. 나의 경험과 재주, 능력과 이상에 기대며 같은 뜻을 가진 적합한 일꾼들을 모아 멋진 일을 이루겠다고 착각을 해왔던 것이다.

이제 마음을 정해야 했다. 한참 고민을 했다. 그리고 나는 그 자리에서 내 모든 계획을 내려놓았다. 아기가 태어나려고 해도 자궁에서 열 달을 기다려야 한다. 부모 마음대로 임신하고 부모 원하는 대로 낳을 수가 없는 것이 자녀이다. 하물며 교회가 아닌가? 보내주시는 대로, 허락하시는 대로, 주께서 지어가시는 교회가 어떻게 될지 잠잠히 기다리기로 했다. 조직하고 운영하던 것이 익숙한 내 모든 커리어를 내려놓고, 예산안도 없고 사업계획서도 없고 연간 목표도 없고 행사계획도 없는, 정해진 것 하나 없는 무계획, 무조직, 무형식의 교회로 당분간 있어 보기로 마음먹었다. 그때 이후로, 하늘누리교회는 내 맘대로 된 것이 하나도 없는 교회로 흘러가고 있다. 그리고 그것이 감사하다.

교회의 '마땅한 행함'

이처럼 조직화된 교회에 석화된 사역자들의 마음은 교회가 원래 가정이라는 사실을 잊기 십상이다. 효율과 효과를 중시하는 현대 사회의 시류를 그대로 받아들인 현대 교회는 매끄럽게 돌아가는 교회 운영 시스템을 구축하기 위해 되도록이면 동질 그룹으로 교회를 조직하고 운영하기를 원한다. 다시 말해, 같은 뜻, 같은 목적, 같은 문화를 가지고 있어서 쉽게 동화될 수 있는 그룹이 되기를 원한다. 그래야 '잘 굴러가기' 때문이다. 이것이 교회가 연령별 부서 구조를 발빠르게 받아들이게 된 숨은 이유이기도 하다. 그러나 그것은 교회가 가지고 있는, 혹은 가져야 할 본질적인 특성과 대치되는 것이다.

시계를 거꾸로 돌려 바울의 때, 변화의 도시 에베소로 가보자. 1세기 에베소는 여러 가지 의미에서 변화와 역동을 상징하는 도시였다. 먼저 그곳은 지리적으로 유럽 대륙과 아시아 대

류이 만나는 접경 지역이었다. 그래서 서양 문화와 동양 문화가 충돌하고 뒤섞이고 새롭게 태어나는 곳이었다. 그곳은 또한 대륙과 해양이 만나는 곳이기도 하다. 항구도시였던 에베소는 육로와 해로가 교차되는 곳으로, 당시 상상할 수 있는 거의 모든 새로운 문물들이 서로 뒤엉키는 곳이었다. 난류와 한류가 만나는 지역에 어종이 풍성해지는 것과 같은 이유로, 에베소는 문화적으로 풍성하였고 또한 도전적인 곳이었다. 바울은 이곳을 이방인을 위한 선교의 전략적 요충지로 삼았다. 복음이 땅끝까지 이르게 될 전초기지로는 탁월한 선택이었다.

그러나 에베소에는 그만큼 어려움도 많았다. 복음의 영향력이 도시를 휩쓸게 되자 기득권 세력의 저항도 만만치 않았다. 은장색 데메드리오를 비롯한 우상 제조 업자들의 소동으로 인해 바울은 그곳을 떠날 수밖에 없었고, 결국 로마에 죄수의 몸으로 호송되어 가택 연금 상태가 된다. 그때, 바울은 에베소와 또한 모든 교회를 마음에 두고 편지를 써서 보내는데, 그것이 바로 에베소서다. 바울은 자신의 몸은 이렇게 갇힌 바 되었지만 믿는 자들이 가진 새로운 신분으로 인해 누리게 되는 영광스러움이 무엇인지를 신자들이 깨달아 알기를 원했다.

에베소서는 총 여섯 장으로 구성되어 있는데, 바울의 다른 서신들과 비슷하게 앞부분에서는 교리적인 설명을, 뒷부분에서는 실제적인 적용을 다룬다. 전반부인 1-3장에서는 믿는 자들의 신분과 교회의 영광스러움에 대해 이야기하고, 후반부인

4-6장에서는 그 신분에 걸맞는 삶의 태도에 대해서 전한다.

이제, 전반부와 후반부를 연결하는 역할을 하는 에베소서 4장 초반부에 초점을 맞추려 한다. 에베소서 4장 1절은 다음과 같다.

> 그러므로 주 안에서 갇힌 내가 너희를 권하노니 너희가 부르심을 받은 일
> 에 합당하게 행하여 _엡 4:1

여기서 '그러므로'라고 하는 접속사는 전반부인 1-3장 전체를 다 받는 것으로, '측량할 수 없는 은혜 가운데에 우리를 영광스러운 교회로 부르셨기 때문에'로 요약될 수 있다. 이 접속사를 중심으로 앞의 내용에 맞는 적절한 반응이 뒤에 이어질 것을 보여주는 것이다. 바울은 그것을 '합당하게 행하여'라고 표했다. '합당하게'로 번역된 헬라어 악시오스(ἀξίως)는 '양팔 저울이 균형을 이루게'라는 뜻을 품고 있다. 지금 바울은 수신자의 마음에 양팔 저울의 한쪽 접시에는 '부르심'이, 그 반대편 접시에는 '행함'이 올려져 있는 그림을 그리고 있는 것이다. 부르심의 무게에 걸맞는, 그래서 균형을 이루는 신자들의 행함이 있어야 한다는 말이다.

따라서 에베소서 4장 1절 말씀 후반부는 '여러분을 신자로 부르신 그 영광스러운 무게와 동일한 무게의 삶의 행함으로 응답하여'라는 뜻을 가지게 된다. 그렇다면, 그 마땅한 행함이란

과연 무엇일까? 바울은 이후의 말씀들을 통해 세 단계로 답하고 있다.

첫째, 교회는 하나다

바울은 먼저 교회가 하나라는 사실을 강조한다. 겸손과 온유, 인내와 사랑 가운데 서로를 용납할 것을, 그리고 평안의 매는 줄로 성령이 하나 되게 하신 것을 힘써 지키라고 요구한다(엡 4:2,3).

에베소는 충돌의 도시라고 하였다. 동양과 서양, 육로와 해로, 유럽과 아시아가 충돌하는 곳이다. 그래서 에베소 교회에는 별의별 사람들이 다 모여들었다. 헬라인과 유대인, 종과 자유자, 이방인이었다가 그리스도인이 된 사람, 정통 유대인이었다가 예수를 메시아로 받아들인 사람 등등이다. 그래서 그들 가운데에는 여러 성향과 문화와 관습이 있었다. 그리스도를 알게 되었지만 아직 이방 신앙의 관습을 버리지 못하는 사람, 아직도 유대주의와 율법주의에서 벗어나지 못하는 그리스도인도 있었다. 바울은 그 모든 다름을 뒤로 하고 '우리는 하나'라고 강조한다.

[4]몸이 하나요 성령도 한 분이시니 이와 같이 너희가 부르심의 한 소망 안에서 부르심을 받았느니라 [5]주도 한 분이시요 믿음도 하나요 세례(침례)도

하나요 [6]하나님도 한 분이시니 곧 만유의 아버지시라 만유 위에 계시고 만

유를 통일하시고 만유 가운데 계시도다 _엡 4:4-6

이와 같이 교회는 머리 되신 그리스도 안에서 하나의 몸으로 자라는 하나된 공동체이다(엡 4:15). 바울은 그 다음 단계의 논리로 진행한다.

둘째, 교회는 다르다

하나됨을 이야기하던 바울은 돌연 교회의 구성원들이 서로 다르다는 사실을 강조한다. 각 사람에게 주신 그리스도의 선물의 분량이 다르고(7절), 그래서 부르심이 다 다르다는 것이다. 어떤 사람은 사도로, 어떤 사람은 선지자로, 어떤 사람은 복음 전하는 자로, 어떤 사람은 목사와 교사로 삼으셨으니 말이다(11절). 그렇게 하신 이유가 뭘까? 바울은 이어지는 12절에서 이렇게 그 이유를 말한다.

이는 성도를 온전하게 하여 봉사의 일을 하게 하며 그리스도의 몸을 세우려 하심이라 _엡 4:12

여기에 교회의 비밀이 있다. 교회가 하나라면 당연히 뜻이 맞는 똑같은 사람들, 애초에 하나처럼 움직이는 사람들을 불러 모아 클럽 조직하듯이 하셨을 것이다. 그래야 유리하니까 말이

다. 그런데 하나님은 서로 다른 사람들이 하나로 서는 것이 교회라고 말씀하신다. 서로 달라야 성도를 '온전하게' 하고, 그래야 봉사의 일을 하며, 그래야 그리스도의 몸이 세워진다고 말이다.

여기서 '온전하게'라고 번역된 헬라어 카타르티스모스(κατ αρτισμός)에 힌트가 있다. 이 단어는 원래 '망가진 것을 수선하다'라는 뜻을 가지고 있다. 복음서의 몇몇 장면에도 등장하는데, 바로 야고보와 요한을 제자로 부르시는 대목이다. 그들은 모두 어부여서, 아버지와 함께 배에 있어 그물을 깁고 있었다고 기록되어 있다(마 4:21; 막 1:19). 여기서 '그물을 깁는'으로 번역된 동사가 바로 카타르티조(καταρτίζω)다. 같은 단어가 어디서는 '깁는'으로, 어디서는 '온전하게 하여'로 다르게 번역된 것이다.

'성도를 온전하게 하여'라는 개정개역판 번역은 마치 '성도가 한 점 흠도 없고 완벽하게 하여'라는 뜻으로 해석되기 쉽다. '온전하다'라는 우리말의 뉘앙스가 그렇다. 그러나 원어의 느낌은 '망가진 것을 고쳐서'에 가깝다. 우리는 다 '구멍난 그물'이었다. 가슴 한구석에 커다란 구멍을 가진 '망가진' 자들이다. 마주 앉아 이야기하면 아픈 구석 하나쯤은 다 가진 자들이고, 연약하고 어리석은, 빈틈 많은 자들이다. 그러나 주님은 망가졌다고 우리를 버리지 않으신다. 우리를 수선하여 기쁘게 사용하신다. 우리 옆에 나와 다른 자를 두셔서 내 구멍을 '깁는' 카

교회가 그립습니다

타르티조의 열심을 보이신다. 예컨대 나는 왼쪽 아래에 커다란 구멍이 있는데, 내 옆에 두신 이는 오른쪽 위에 구멍이 있어서 두 인생의 그물을 겹쳐놓으면 꽤 쓸만한 그물, 온전한(수선한) 그물이 된다. 교회 안에 나와 다른 사람들을 두신 이유는, 그들을 통해 내 구멍을 수선하시려는 은혜와 긍휼이 하나님께 있기 때문이다.

한 학자가 이런 말을 했다고 한다.

"미국은 실제적 인종차별주의 국가다. 증거를 보고 싶다면 일요일에 아무 교회당으로 가보라."

이것은 아프지만 현실이다. 미국의 지역교회를 가보면 '끼리끼리' 모인다. 백인교회, 흑인교회, 한인교회, 중국인교회, 베트남교회로 모인다. 같은 백인이라 하더라도 계급 따라 모인다. 중산층교회, 빈민층교회, 게이들을 위한 교회(실제로 있다), 홈스쿨러들을 위한 교회…. 같이 나란히 앉았을 때 이질감이 없고 불편하지 않은 사람들끼리만 모인다. 그 교회가 추구하는 방향과 문화와 전통에 맞지 않는 사람은 좀처럼 견딜 수 없어 나가 떨어진다. 그러나 하나님은 이사야 선지자의 입술을 통해 이미 오래 전에 말씀하셨다.

3여호와께 연합한 이방인은 말하기를 여호와께서 나를 그의 백성 중에서 반드시 갈라내시리라 하지 말고 고자도 말하기를 나는 마른 나무라 하지 말라 ⁴여호와께서 이와 같이 말씀하시기를 나의 안식일을 지키며 내가 기뻐하는 일을 선택하며 나의 언약을 굳게 잡는 고자들에게는 ⁵내가 내 집에서, 내 성 안에서 아들이나 딸보다 나은 기념물과 이름을 그들에게 주며 영원한 이름을 주어 끊어지지 아니하게 할 것이며 ⁶또 여호와와 연합하여 그를 섬기며 여호와의 이름을 사랑하며 그의 종이 되며 안식일을 지켜 더럽히지 아니하며 나의 언약을 굳게 지키는 이방인마다 ⁷내가 곧 그들을 나의 성산으로 인도하여 기도하는 내 집에서 그들을 기쁘게 할 것이며 그들의 번제와 희생을 나의 제단에서 기꺼이 받게 되리니 이는 내 집은 만민이 기도하는 집이라 일컬음이 될 것임이라 _사 56:3-7

교회는 만민의 집이다. 비슷한 사람, 통하는 사람들끼리만 모여서 예배하는 현실은 민족주의보다 위험한 것이다. 이토록 다른 사람들이 주 안에서 하나로 지어져 갈 때, 하나님은 그 교회를 기뻐하신다.

셋째, 교회는 자라가야 한다

이토록 다르지만 하나가 된 교회는 또한 '그리스도의 장성한 분량이 충만한 데까지 이르'러야 한다(엡 4:13). 범사에 그에게까지 자라가야 한다(15절). 이것이 4장 1절에서 바울이 말한 우리를 천국의 백성으로 부르신 그 영광스런 부르심에 '합당하게 행하는 삶'의 마지막 단계이다. 하나님이 우리를 교회로 부르신 이유는 그 안에서 서로 '하나되고' '수선되어' '자라가게'

교회가 그립습니다

하기 위함이다.

미국의 캘리포니아 북쪽 해안지대에 위치한 레드우드 국립
공원에는 키가 100미터가 넘는 아메리칸 삼나무들이 숲을 이
루고 있다. 성인 남성 12명 이상이 양팔을 쭉 뻗어 둘러서야 할
만큼 굵은 줄기에, 거의 30층 건물 높이에 이를 만큼 높이 뻗은
이 나무들의 나이는 수백 년에서 수천 년에 이르기도 한다. 어
떻게 이 큰 나무들이 지진과 산불과 바람과 비를 견디고, 쓰러
지거나 꺾이지 아니하고 그 오랜 시간을 살아남아 자랄 수 있
었을까? 비밀은 그들의 뿌리에 있다.

아메리칸 삼나무의 뿌리는 예상을 깨고 그 깊이가 3미터 정
도밖에 되지 않는다. 대신 삼나무는 뿌리를 옆으로 뻗는다. 그
래서 옆에 서 있는 다른 삼나무와 어깨동무를 하듯이 뿌리를
엮는다. 이렇게 엮어진 뿌리는 30미터 이상 주변으로 뻗어나
가 지경을 넓힌다. 초속 50미터 이상의 강풍에서도 꺾이지 아
니하고 수천 년을 이어 자라가는 삼나무의 지혜다.

신자는 결코 혼자 자랄 수 없다. 다른 이가 필요하다. 내게 구
멍 난 부분을 수선하기 위해 내 옆에 두신 다른 이와 함께, 한
백성, 한 가족으로 지어져 가야 한다. 그것이 하나님의 그림이
다. 예수님을 만나고 입으로 시인하여 구원받는 믿음은 개인적
(personal)인 것이지만, 결코 믿음은 사적(private)일 수 없다.
공동체 안에서 발현되고 성숙하는 것이 바로 믿음이다. 그런
믿음 위에 지어져 가는 한 가족이 바로 교회이다. 나이가 다르

고, 성별이 다르고, 형편이 다르고, 경험이 다른 우리가 함께 만나 서로의 다름을 통해 배우고 권면하고 격려하여, 결국 하나의 가족으로 지어져 가는 것이 교회이다. '하나됨'은 교회에게 주신 목적이고, '다양함'은 교회에게 주신 선물이며, '가정'은 그를 위한 하나님의 방편이다.

11

가정이 일상의 교회가
되게 하라

가정과 교회를 '싱크'하라

지금은 문자를 넘어 영상의 시대라 할 수 있다. 손끝 터치 몇 번
만으로 우리는 보고 싶은 영상을 언제 어디서든 볼 수 있는 시
대를 살고 있다. 거기에 발맞추어, 동영상의 제작과 보급에 필
요한 기술들도 급속히 발전하여 누구나 영상을 만들고 공유하
는 때가 되었다. 특히 디지털 네이티브(digital native, 태어날 때
부터 디지털 기기에 익숙하여 디지털 원주민이라 불리는 젊은 세
대)들은 영상물을 제작하고 소비하는 일을 숨 쉬는 것처럼 자
연스럽게 하고 있다. 그런 세대를 위해 목회 현장에서도 영상
을 이용한 예배와 교육, 훈련 등이 매우 빠른 속도로 늘어나는
추세다. 이런 목적으로 동영상 클립을 촬영하고 편집할 때 주
의해야 할 것이 여러 가지 있는데, 그중 하나가 영상과 음성이

일치(sync)하도록 하는 일이다.

방송 전문가들은 고품질의 영상을 제작하기 위해 영상과 음성을 따로 기록하고 이것을 편집 과정에서 하나로 합치는 과정을 거치는데, 이때 영상과 음성의 시간대가 정확하게 일치하지 않으면 보는 사람들이 불편하게 된다. 그래서 전문 동영상 편집 프로그램들은 영상과 음성이 일치하도록 자동 조절해주는 오디오 싱크(audio sync) 기능을 제공하기도 한다.

보이는 것과 들리는 것이 일치하지 않아서 생기는 문제는 믿음의 현장에서도 동일하게 발생한다. 더욱이 이 문제는 불편함 정도에 그치지 않는다. 훨씬 심각한 영적 문제를 낳는다. 우선 교회가 외치는 소리와 보여주는 모습이 일치하지 않을 때, 세상은 복음을 오해하고 교회를 멀리하게 된다. 내가 들은 설교와 세상에서 마주치는 현실이 다를 때 혼란스럽고 시험에 빠지기도 한다. 가정에서는 부모가 말하는 믿음과 살아내는 모습이 다를 때, 자녀는 반항하며 믿음을 떠나기도 한다.

그렇다면, 교회와 가정 사이에서는 어떠해야 할까? 단절과 방임을 넘어 연결과 동행으로 나아가고자 하는 세대통합 사역에서는 특히 교회와 가정의 싱크(sync), 이른바 동기화(synchronizing)가 반드시 필요하다. 믿음과 삶이 같아지는 싱크, 부모세대와 다음세대의 싱크는 선택이 아닌 필수 과정인 것이다.

앞장에서는 교회가 가정되는 일의 중요성을 말하였는데, 그만큼이나 중요한 것이 가정이 교회되게 하는 일이다. 그렇다면 교회와 가정에서 말하고 가르치며 삶으로 보여주고 체험하게 해주는 내용이 동일해야 하지 않을까? 그것이 바로 교회와 가정이 같은 믿음의 소리, 같은 믿음의 모습을 한결같이 보여주는 것이다. 그렇게 함으로써 영적 유산을 물려줄 수 있는 최고의 환경을 만드는 것이다. 또한 그것이 바로 부모세대가 주께 드릴 최고의 충성임을 잊지 말기 바란다.

어린이 사역자인 키드민사이언스(KidMinScience)의 조쉬 덴하트(Josh Denhart)에 따르면, 주일학교를 졸업한 18세에서 29세 사이의 젊은이들 중 75퍼센트가 교회를 떠난다고 한다. 그는 '왜 젊은이들이 교회를 떠나는가?'라는 질문에 그치지 않고, 더 나아가 '그렇다면 왜 25퍼센트의 아이들은 믿음을 떠나지 않고 남아 있는가?' 하는 질문을 던졌다. 그 결과, 수년의 연구를 통해 다음과 같은 다섯 가지의 이유를 발견했다.

첫째, 그들은 일주일에 다섯 번 이상 가족과 함께 저녁 식사를 했다. 둘째, 그들은 가족과 함께 교회에서 봉사하며, 셋째, 적어도 일주일에 한 번은 가정에서 가정예배와 같은 영적 경험을 한다고 한다. 넷째, 아주 어린 나이(학령 전)부터 주일학교에 연결되어 교회 안에서 자라났으며, 마지막 다섯째, 부모 이외에 최소 한 명 이상의 믿음의 어른들과 연결되어 있다고 한다.

요약하면, 가족과 함께 교회에서 믿음으로 자라고 봉사했으며, 집으로 돌아와서도 가족과 함께 믿음을 나누고 시간을 나누었다는 것이다. 지금까지 계속하여 강조해온 세대통합 사역의 목표, 즉 '연결'과 '동행'이 바로 믿음을 떠나지 않는 젊은 세대들의 특징이었던 것이다.

이것이 우리에게 무엇을 이야기하는가? 교회에서든 가정에서든, 모든 곳에서 함께 같은 믿음을 나누고, 삶을 나누고 봉사하며 교제하는 것이 얼마나 중요한 신앙 전수의 바탕이 되는지를 보여주지 않는가?

그러니 가정과 교회를 '싱크'하라! 교회에서 모여 예배하는 것에 멈추지 말고, 그 예배가 가정에서도 동일한 소리를 내도록 신앙의 내용을 동기화하라. 무너진 가정이 회복되고, 교회가 가족으로 함께 서는 놀라운 일들이 시작될 것이다.

한편, 가정예배는 교회에서 드리는 전통적인 형식에 얽매이기보다 각 가정의 분위기에 따라 조금은 자유롭고 다채롭게 드려도 무방하다. 하지만 가정예배 또한 교회예배와 동일한 형식이어야 한다는 고정관념에 묶여 있거나, 그동안 가정예배를 드려본 적이 없는 가정이라면 가정과 교회가 '싱크'되고 싶어도 어려워진다.

이 장에서는 교회의 목회적 역할은 잠시 접어두고, 각 가정에서 평신도 부모가 이해하고 적용할 수 있도록, 필자의 경험을 포함하여 가정예배의 필요성과 새로운 방법을 제안해본다.

믿음의 대화 시간 가지기

코로나19 이전에도 사실 대부분의 교회는 가정과 교회의 동기화(싱크)를 이뤄본 적이 별로 없었다. 교회 구조부터 세대가 분리된 '짝귀 미키마우스' 같았고, 부모는 주일에도 탁아소나 학원에 자녀를 맡기듯 '떨태기' 역할만 해왔으며, 주중에 가정에서는 '아무 일'도 하지 않았기 때문이다.

이런 와중에, 교회에는 특히 코로나 19로 인해 '세대간 분리'와 '가정과 교회의 분리' 문제 못지않게 심각한 문제가 나타났다. 존립 자체를 고민할 정도로 모이기부터 어려워졌기 때문이다. 무엇보다 교회 안의 예배 모습이 크게 바뀌었다. 거리두기를 하며 최소의 인원만 모여야 했고, 그나마 한동안 전면 온라인 예배로 전환해야 했다. 식사 제공도 없이 예배 후 곧장 헤어져야 해서 교회 주방이 무용지물이 되어가는 건 사실 대부분에겐 관심 밖의 문제일 것이다. 무엇보다 소리 높여 찬양하고 마음을 토해 기도하는 것이 불가능하여 답답하고 서운하다. 어린이들과 청소년들을 위한 예배와 훈련은 사실상 중단되었다. 시설과 인력을 갖춘 교회는 열심히 영상을 찍고 편집하고 방송하지만, 그렇다고 얼굴을 맞대고 나누는 일만 하겠는가.

교회 중심으로 모여서 행하던 예배와 훈련이 무너지자, 크고 작고에 상관없이 거의 모든 교회가 당황스러워하는 모습이다. 그러나 이 고난은 오히려 기회가 되었다. 모이는 교회가 무너지자 흩어진 교회인 가정과 삶의 현장을 바라보게 된 것이다. 모이거나 흩어지거나, 우리가 생활에서 예배하는 자로 섰다면 이토록 당황해하지는 않았을 것이란 깨달음 때문이다. 그러므로 교회가 가정이라는 사실 만큼이나 중요한 것이 가정이 교회로 서야 한다는 사실이다.

"두세 사람이 내 이름으로 모인 곳에는 나도 그들 중에 있느니라"(마 18:20)라고 하신 예수의 말씀을 따라 한마음으로 예배하는 '생활 교회'로서의 가정이 절실하다. 이것은 가정이 교회되고 교회가 가정되는, 이른바 세대통합의 기본 배경인 '가정과 교회가 싱크(동기화)되기'의 기본이기도 하다. 이에, 가정을 교회로 세우기 위해 할 수 있는 일 중에서 '쉽게 시작하고 오래 지속되는 가정예배 가이드'를 나누려 한다.

사실, 현대 교회의 신자들은 가정예배를 시작하기 어려워하고, 어려워하는 만큼 쉽게 포기하여 중단하기 일쑤다. 사람들은 왜 가정예배를 어려워할까? 먼저 부모(보호자)들은 가정예배가 주일예배의 축소판이어야 한다는 선입견이 있다. 따라서 예배 형식인 예전(liturgy)을 갖추어 가정예배가 드려져야 한다고 믿는다. 말씀, 찬양, 기도, 헌금의 형식을 갖추어 드려야 하는데, 그 모든 것을 자신이 디자인해야 하는 마음의 부담이 크다. 또한 형식을 갖추어도 효과가 잘 나타나지 않는다. 가정에서는 예배 효능감이 떨어진다는 말이다. 교회 건물이 아닌 집에서, 편안한 자세와 복장으로 드리기 때문에 소위 '종교성'의 발현이 쉽지 않다. 교회에서 나누어주는 '가정예배 모범'이 있지만, 손에 들고 읽기만 하니 어색하기만 하다. 글과 글 사이에 있는 행간의 의미를 파악하기 힘들고, 영적 진리를 나누고 삶의 결단을 이끌어낼 자신도 없다. 가정예배도 예배인데, 거룩하지도 은혜롭지도 훈련하지도 않다고 생각되기 쉽다. 이 오해를 먼저 걷어내야 한다.

'가정예배'라기보다 '믿음의 대화'라고 생각해보라. 하나님과 나누는 대화가 기도인 것처럼, 그 믿음으로 자녀와 대화하며 하나님의 마음을 나누는 영적 대화라고 생각하라. 형식을 갖추어 드리는 주일의 예배와는 또 다른 은혜와 나눔이 가능한 가정예배가 될 것이다. 저마다의 방법으로, 쉽게 시작하고 계속 지속할 수 있는 방법으로 예배하라. 그것이 핵심이다. 잘 드리려고 하지 말고, 자주 드리려 하라. 하나님은 경직된 형식을 넘어 마음을 나누는 여러분의 대화를 즐겁게 들으실 것이다.

한편, 자녀들 입장에서 가정예배가 어려운 또 하나의 이유가 있다. 그 시간이 매우 괴로운 잔소리 시간이 되기 쉽기 때문이다. 부모(보호자)들은 가정예배를 핑계 삼아 자녀에게 잔소리를 해대기 십상이다. 성경 말씀을 근거로 부모의 주장을 강화하고, 밥상머리 교육처럼 아이들을 다그치거나 몰아붙인다. 그러니 자녀들은 가정예배를 가능하면 피하고 싶은 자리로 인식하게 된다.

우리는 어린 자녀들을 하향식 종교교육의 대상으로 볼 때가 많다. 쉽게 말해 '믿음을 가르쳐야 할 대상'이라 여긴다. 그렇지 않다. 가정은 서로에게서 배우고, 서로를 권면하며, 서로 함께 지어져가는 교회이다.

자녀들은 교회의 미래가 아니라 현재이며, 다음세대가 아니라 지금 세대이다. 예수님도 어린아이를 중앙에 두고 어른들에게 천국의 비밀을 전하셨다. 천국이 이와 같은 자들의 것이라고 말이다. 따라서 가정예배는 부모가 자녀들을 가르치는 시간이 아니다. 함께 믿음을 나누며 함께 지어져가는 시간이다.

그렇다면 어떻게 그런 가정예배가 가능할까? 형식을 갖춘 예배가 아니어도, 믿음을 나누고 함께 지어져 가는 예배를 가정이라는 환경 안에서 드릴 수 있을까? 그 질문에 대해, 우리 가정이 지난 20년 가까운 세월 동안 행했던 실패와 작은 성공을 나누는 것이 하나의 답변이 되리라 생각되어 나누도록 하겠다.

어렵지 않은 가정예배의 모델

먼저, 가정예배는 자연스럽게 변하고 자라난다는 사실을 나누고 싶다. 자녀들이 한 살씩 나이를 먹어갈수록, 부모(보호자) 역시 천천히 성숙해간다. 그에 따라 가정예배의 형식도 자연스럽게 변화가 필요하다.

우리 아이들이 어렸을 적에는 '활동나눔형'으로 예배하였다. 노래 부르기를 좋아하는 아이들과 함께 '동요 노래집'에 있는 노래를 두세 곡씩 불렀다. 어떤 때는 '정글숲을 지나서 가자!'로 시작되는 악어떼 노래를 30분 이상 부른 적도 있다. 동요 부르기 시간이 끝나면 찬송가 한 곡을 정해서 1절만 불렀다. 똑같은 찬송을 한 달 동안 매일 불렀다. 아이들은 자연스럽게 가

교회가 그립습니다

사를 외우게 되고, 노래에 맞추어 스스로 율동을 만들기 시작했다. 한 달이 다 지날 때쯤 되면 아이들은 찬송가를 외워서 부르며 그 뜻에 따라 스스로 만든 율동을 하게 되었다. 그러면 그 모습을 촬영하여 유튜브에 올려 주었다. 수백 년 동안 믿음의 선배들이 고백했던 찬송가를 어린 자녀들이 함께 부르며 그 뜻을 곱씹을 때, 하나님은 우리 가정에 날마다 새로운 감동을 주셨다.

어떤 때는 함께 마을로 산책을 나갔다. 그때 아이들에게 마을에서 들리는 '소리'를 잘 들어보라고 말했다. 산책이 끝나고 집에 돌아와 어떤 소리를 들었느냐고 물었다. 어떤 소리가 아름다웠는지, 어떤 소리가 듣기 싫었는지 말이다. 우리가 살고 있는 마을에서 하나님이 듣기 좋아하실 아름다운 소리가 많아지도록, 하나님이 슬퍼하실 소리가 적어지도록 함께 기도함으로 예배를 마쳤다.

어떤 때는 집 안에 있는 성경책을 모두 가져오라고 시켰다. 그것을 모두 쌓는 게임을 했다. 높이가 얼마나 되는지 재보기도 하고, 성경책마다 얽힌 사연(입교 때 받은 성경, 결혼식 때 선물로 받은 성경, 할아버지가 보시던 성경 등)을 말해주며, 말씀의 깊이와 높이가 더욱 키져 가는 우리가 되자고 다짐하며 기도했다. 이렇게 작은 활동 한 가지를 정하여 온 가족이 함께 행하는 가정예배는 학령 전 영유아 자녀를 둔 가정이 쉽게 시작하고 오래 지속할 수 있는 가정예배의 경험을 제공할 것이다.

자녀들이 성경 말씀에 지적인 반응을 보일 수 있는 초등학교 고학년 정도가 되었다면 '함께 읽기형'으로 가정에서 예배할 수 있다. 우리 아이들이 모두 초등학생이었을 때 나는 매일 밤마다 '이야기 성경책'을 읽어주었다. 잠옷으로 갈아입고 양치를 끝낸 아이들이 2층 침대의 각자 자리에 누우면 방안의 불을 껐다. 방문을 살짝 열어 복도의 불빛이 들어오게 하고, 그 빛을 이용하여 어린이 성경책을 한 챕터씩 읽어주었다. 캄캄한 방에 누워 아빠가 읽어주는 성경 이야기를 듣는 아이들은 머릿속으로 그 장면을 상상하기 시작한다. 그것은 어떤 애니메이션이나 동영상보다도 놀랍고 선명한 이미지가 되어 자녀들의 마음에 새겨졌다. 어떤 날은 "제발 한 챕터만 더 읽어주세요!"라고 외치는 아이들의 등쌀에 못 이겨 세 챕터나 읽어준 날도 있다. 그때 샐리 로이드 존스의 '스토리 바이블'을 국문으로 한 번, 영문으로 한 번 읽어주었는데, 대학생과 고등학생이 된 지금까지도 그 이야기들은 두 딸의 영적 양식이 되었다.

자녀가 더 자라 청소년이 되었다면, 부모(보호자)와 더불어 자신의 생각이나 계획을 나눌 수 있는 기회를 더욱 확대해 주어야 한다. 그래서 시작한 것이 바로 '가족회의형 가정예배'다.

매 주일 저녁이 되면 우리 네 식구는 식탁에 둘러앉는다. 막내부터 시작해서 지난 한 주 동안 어떻게 지냈는지 이야기를 듣는다. 아이들은 일주일 동안 있었던 일상 속에서 마주친 재미난 이야기, 속상했던 이야기, 흥미로운 발견이나 가슴 시린 상처들을 자기 수준에서 끌어내어 이야기한다.

우리는 각자의 이야기들을 들으며, 섣불리 조언하거나 가르치려 하기보다 성령께서 각자의 영적 여행을 인도하시며 동행해주시기를 기도한다. 부모 역시 동일하게 지난 일들과 느낌을 솔직히 나눈다. 지난 이야기가 끝나면, 다가올 일주일 동안의 일정들을 이야기하며 각자의 다이어리나 수첩에 기록한다. 네 식구는 서로의 일정을 공유하며 '내가 뭐 도울 일은 없을까?'를 말한다. 그때 아버지인 나는 목회계획이나 집필 마감일, 심방 일정 등을 이야기하며 아이들에게 그것을 위해 구체적으로 기도해줄 것을 부탁하기도 하고, 매우 중요한 미팅이나 설교 등에 대한 나의 부족함과 두려움 등을 나누기도 한다. 누가 누구를 가르치거나 조작하려 하지 않고, 부모 역시 하나님의 도움이 절실한 그분의 자녀일 뿐임을 아이들과 스스럼없이 나눈다. '피차 복종하라' 하신 에베소서의 현대판 해석이라 믿기에 그랬다. 그것이 예배가 된다.

주기도문이나 사도신경을 외우지 않아도 그곳은 예배의 자리가 된다. 성경 본문을 읽고 설교를 듣지 않아도, 우리는 말씀의 해석과 적용을 삶의 구체적인 정황을 통해 나눈다. 하나님 아버지께서 우리의 '가족회의' 시간을 향기로운 예배로 흠향하시리라 확신한다.

가정예배, 어렵지 않다. 어린 자녀라면 단순한 활동을 반복함으로, 초등학생들에게는 성경 이야기를 들려주고 새겨주는 것으로, 청소년 자녀라면 서로의 일정을 나누고 대화하는 것으로도 우리는 얼마든지 예배할 수 있다. 교회에서 만들어준 가정예배 모범을 읽는 것만으로도 도움은 되겠지만, 여러분 가족이 드릴 수 있는, 여러분 가족만의 모양과 내용으로, 여러분 가정의 믿음의 습관을 만들어가기를 축복한다.

이렇게 가정을 교회로 세워가는 작은 노력들을 통해 우리는 주일과 평일을 잇고, 신앙과 삶을 잇고, 부모와 자녀를 잇고, 가정과 교회를 잇는 일을 시작할 수 있다. 종국적으로는 가정이 작은 교회로 작동하도록 하는 세대통합의 주요 열매가 될 것이다.

-4부-

세대 단절과 영적 방임을
넘어서는 길

12

세대통합을 실천하는
세 가지 기초 모델

목회적 접근과 학문적 접근

어떻게 하면 교회가 세대간 단절과 영적 방임을 넘어 더 좋고 풍성한 믿음을 다음세대에게 전해주는 믿음의 가족으로 설 수 있을까? 지난 10여 년 동안 많은 목회자들과 교육가들이 이 고민에 답하기 위해 고민하고 또 행동했다. 그리고 가족으로서의 교회, 교회로서의 가정을 세우기 위한 세대통합의 노력 가운데에 몇 가지 큰 흐름이 나타나기 시작했다. 그 흐름을 크게 둘로 나누자면, 하나는 목회적 접근이고, 또 하나는 학문적인 접근이다.

목회적 접근법은 교회 현장의 목회자들이 목회적 고민을 하다 생겨난 것들이다. 목회 현장의 어려움을 직접 겪고 있는 목회자들의 자구책이라 할 수 있다. 그러다 보니 다른 목회자들

교회가 그립습니다

의 공감을 쉽고 빠르게 이끌어내는 장점이 있다. 그러나 현장의 '감'에 의존하고, 때로는 임기응변적인 아이디어에 기댄 것들이 많다 보니, 학문적 깊이가 상대적으로 낮고 성경적 근거가 두텁지 않은 경우들이 종종 있었다. 그러한 약점은 결국 지속가능한 목회 모델로 이어지지 못하고 쉽게 수그러드는 결과를 보이곤 했다.

반면에 학문적 접근법은 주로 학자들이나 기관사역자들에 의해 주도되었다. 따라서 학문적 깊이가 있고 이론적인 근거도 튼튼하다. 그러나 상대적으로 목회적 이해가 부족한 탁상공론에 지나지 않는다는 비판을 듣기도 한다. 목회 현장의 필요와는 거리감이 느껴지는 이론과 가이드라 그런지 현장에 바로 적용하기 껄끄럽거나 어렵다는 평가를 받는다. 좋은 모델과 이론이긴 하나, 교회가 받아들여 실천하기에는 많은 노력과 시간이 걸리는 단점이 있는 것이다.

목회적 접근	학문적 접근
쉽고 빠르게 받아들여짐 학적 깊이가 낮음 거품	튼튼한 근거와 이론 목회적 이해 부족 어렵고 느림

그럼에도 불구하고 교회를 가정으로 세우고 가정을 교회로 세우려는 시도는 지난 10여 년 동안 계속되었다. 그것이 시대 상황에 따른 어쩔 수 없는 선택이든, 아니면 교회와 가정이 무

엇인가를 묻다 찾은 본질적 선택이든, 이전과 같은 태도와 방법으로는 목회하고 교육할 수 없다는 일종의 깨달음이 있었기 때문이다. 그러다 보니, 목회자가 시작한 목회적 접근법과 학자가 제안한 학문적 접근법 모두를 통틀어 세 가지의 기초적이고도 큰 모델들이 나타나기 시작했다.

가족기반 교회 모델

첫째는 가족기반(Family-Based) 모델[8]의 접근법이다. 이른바 가족기반 교회는 마크 데브리스(Mark DeVries) 목사가 1994년에 제안한 가족기반 청소년 사역(Family-Based Youth Ministry)이 출발점이라 할 수 있다. 미국 테네시 주 네쉬빌에서 30년 가까운 세월 동안 청소년 사역자로 섬긴 그는 지속가능한 청소년 사역을 위해 청소년의 '고립'을 해결해야 하며, 그런 면에서 프로그램 중심의 청소년 사역이 혁신적으로 바뀌지 않으면 안 된다고 강조했다.

"현재 청소년 사역이 겪고 있는 위기의 주된 이유는 우리 문화, 우리 교회가 조직적으로 청소년들을 '관계'로부터 고립시키고 있다는 것이다. 그 관계야 말로 그들을 성숙으로 이끄는 가장 중요한 요소임에도 말이다."[9]

---

8 가족기반 모델, 가족통합 모델, 가족코칭 모델 모두 티모시 폴 존스 교수의 'Perspectives on Family Ministry: Three Views'(B&H Academy, 2009)의 분류와 설명에 기반한다.

9 Mark DeVries, Family-Based Youth Ministry (IL: InterVarsity Press, 2004), 36

교회가 그립습니다

가족기반 교회 모델
Family-Based Church

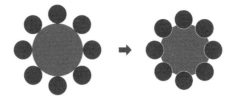

가족기반 모델은 연령별 부서로 인해 나뉘어진 부모 세대와 청소년 세대를, 또한 각자도생하고 있는 고립된 '핵가족'들을 교회라고 하는 큰 대가족(extended family) 안에서 서로 연결해주는 것이 다음세대 사역의 주된 업무라고 본다. 이를 위해 크리스천 부모들을 부서 사역에 적극적으로 동참시키고, 각 가정들을 또 다른 가정과 연결시키는 일에 각 부서가 힘을 쏟아야 한다고 강조한다.

그래서 가족기반 모델은 미키마우스의 귀에 해당하는 각 부서들을 미키마우스의 머리에 해당하는 전체 교회공동체 속으로 조금 더 끌어들이려 한다. 부서가 고립되어 홀로 각 연령대 자녀들의 신앙 양육을 책임지던 문화에서 벗어나, 부서와 교회 공동체가 공유하는 시간과 장소들을 넓히려고 애쓴다. 학부모들을 부서 사역에 적극적으로 동참시키려 부서별 학부모 초청 사역 설명회를 하기도 하고, 학부모들을 부서의 1일 교사로 초청하거나 '부모와 함께하는'이라는 머리말이 달린 행사들을 많이 기획하기도 한다. 어떻게든 부모와 자녀가 함께 교회교육의 현장에서 더불어 호흡하는 시간들을 늘리려 하는 가족기반 교회들의 노력은 실로 대단하다.

가족기반 교회 Family-Based Church	
장점	기존 구조를 그대로 수용, 반감 없음, 각 연령대의 세부적 필요에 가장 충실한 영향
단점	부모들의 방임을 멈출 수 없음, 주일학교-학부모 관계 안에서만 작용, 전세대를 아우르는 통합이 아니어서 소외되는 계층이 많음
부서사역	필요, 현실적(Contents)

가족기반 모델은 기존의 제도적 교회가 상대적으로 쉽게 시작할 수 있는 모델이다. 기존의 나뉘어진 연령별 부서 구조를 바꿀 필요가 없고, 각 부서의 독특한 사역과 책임들을 계속 이어갈 수 있기에 부서 사역자들의 반발도 크지 않다. 각 연령대마다 특별한 필요가 있다는 것을 인정하고, 그 필요에 맞게 충실한 프로그램들을 제공할 수 있다는 점에서도 기존 사역 사이에서 위화감이 적다.

그러나 가족기반 모델의 어려움도 분명히 존재한다. 먼저는, 각 부서에 자녀들을 맡기고 자신은 아무것도 하지 않으려는 부모들의 영적 방임은 여전히 멈추기가 쉽지 않다. 또 하나의 치명적인 단점은, 자칫 주일학교에 자녀들을 보내고 있는 학부모들만을 위한 사역으로 오해될 수 있다는 것이다. 사실 교회 안에는 결혼하지 않았거나, 자녀가 없거나, 이미 자녀를 다 기른 여러 상황의 사람들이 많다. 그들이 보기에 이 사역은 각 부서를 중심으로 그 부모를 훈련시키거나 동참시키는 일로만 보이기에 자신과는 아무 상관이 없다고 착각하기 쉽다. 고립된 관계들을 다시 연결하여 청소년들의 영적 성숙을 이끌어내겠다는 처음 목적과 의도를 전체 성도가 충분히 이해하기에는 부서의 존재와 사역이 여전히 구조적인 장애물로 작동하는 아이러니라고 할 수 있다.

가족통합 교회 모델

둘째는 가족기반 모델의 반대편에 서 있다고 볼 수 있는 가족통합(Family-Integrated) 모델이다. 이 모델의 대표적인 목회자로는 아무래도 보디 바우컴(Voddie Baucham Jr.)을 드는 것이 맞겠다. 홀로 된 비그리스도인 아버지 밑에서 자라나 대학생이 될 때까지 복음에 대해 한 번도 들어보지 못했던 개인의 경험을 바탕으로, 가정에서 부모가 들려주고 삶으로 보여주는 복음이 얼마나 중요한지를 그는 강조한다. 제도적 교회 안에서의 종교적 체험이 아닌, 현장에서 볼 수 있는 살아있는 신앙을 전수하기 위해 각 가정의 가장, 특히 아버지를 신앙 교육의 주체로 보는 것은 그로서는 자연스런 귀결이다. 그의 대표적인 저서 《가정이 주도하는 신앙》(Family Driven Faith)은 처음부

가족통합 교회 모델
Family-Integrated Church

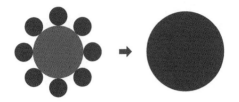

터 끝까지 신앙 전수의 주체로서의 가정을 명확히 강조하고 있으며, 또 다른 저서 《가정 목자》(Family Shepherds)에서는 가정을 신앙으로 이끌어야 하는 남성을 향한 소명과 세움에 대해 힘주어 말한다. 아프리카 특유의 공동체 정신과 바이블 벨트라 불리는 미국 남부의 신앙, 그 양쪽에서 영향과 영감을 받은 그의 가정 신학은 여러 교회들에게 지금도 큰 영향을 주고 있다.

가족통합 모델은 교회가 하나의 커다란 가족이라는 사실을 매우 강조한다. 핵가족화된 각 가정이 모여 교회를 이루는 일종의 대가족 형태다. 한편, 이 모델은 부서사역을 반응적 필요에 의해 생겨난 프로그램으로 본다. 그 말은, 부서사역의 성경적 근거와 가치를 믿지 않는다는 말이다. 그래서 가족통합 교회에는 연령별 부서가 존재하지 않는다. 대신 모든 연령대의 신자들이 모든 것을 함께 한다. 함께 예배하고, 함께 훈련하며, 함께 봉사하고, 함께 교제한다. 따라서 교회의 조직과 일정이 매우 단순해질 수밖에 없다. 대신 기존의 교회가 하던 많은 사

교회가 그립습니다

역과 일정을 각 가정이 주도하도록 한다. 다음세대를 신앙으로 양육하는 일의 책임은 말할 것도 없고, 전도와 선교, 봉사와 교제의 주 현장도 교회가 아닌 가정이다. 가정은 말 그대로 신앙 전수의 심장이 되어 작동하며, 세대 간 신앙 교류도 세 모델 가운데 가장 빈번하다.

한편, 믿음의 가정 안에서 자라나는 다음세대의 신앙의 깊이와 태도도 다른 모델에 비해서 월등하다. 이 모델은 사실 18세기까지 대부분의 교회가 가지고 있었던 원초적 형태이다. 그러나 그 원형에서 너무나 멀어져버린 21세기 교회의 관점에서 보면 매우 급진적이라 할 수 있고, 그만큼 가장 드라마틱한 변화와 결과를 보여주기도 한다.

가족통합 교회 Family-Integrated Church	
장점	세대간 교류 가장 왕성, 각 가정의 책임감 상승, 목회 일정의 단순화, 신앙의 대물림에 효과적
단점	결손가정, 불신가정의 소외감, 연령별 교류와 필요 채움 외면, 기존 구조의 거대 변경에 따른 거부감
부서사역	불필요, 반응적(responsive)

그렇다고 가족통합 교회가 완벽한 모델이라는 말은 아니다. 소위 결손가정에게 의도치 않은 배타성을 보이기 때문이다. 혼자 아이를 기르고 있는 미혼모가 이 교회에 처음 왔다고 상상

해 보라. 신앙심 깊고 책임감 넘치는 다른 부모들이 그들의 자녀들을 책임지고 기르고 있는 분위기 속에서 자신은 마치 이방인처럼 여겨질 것이다. 또한 믿음의 부모가 없는 청소년은 어떻겠는가? 자녀가 없는 불임부부는?

교회 역할의 대부분을 가정으로 돌린 가족통합 교회는 이상적인 모델이지만, 현실의 가정은 영적으로 거의 초토화 상태이다. 스스로 자신의 믿음도 돌보지 못하는 영적 불구 상태의 기성세대들은 자녀의 신앙 양육을 책임질 현실적 준비가 되어 있지 못하다. 가족통합 교회는 이미 잘하고 있는 부모들을 더 잘하도록 격려하는 일에는 탁월하지만, 그럴 수 없는 결손 상태의 가정들을 회복시키는 일에는 상대적으로 미숙하다. 그래서인지 모르겠지만, 미국의 가족통합 교회를 살펴보면 대부분 홈스쿨러들이 많다. 자녀의 교육을 다른 사람에게 맡기지 아니하고 자신의 가정에서 스스로 책임지겠다고 하는 것이 홈스쿨러의 기본적인 태도이기에, 자녀 신앙 전수의 책임을 그 부모에게 돌려주고자 하는 가족통합 교회의 철학이 그들과 잘 맞을 수밖에 없다. 대표적 목회자라고 했던 보디 바우컴 역시 다섯 명의 자녀들을 집에서 홈스쿨링하였다.

한편, 가족통합 모델은 연령별 그룹의 독특한 필요를 채워주지 못한다는 비판을 받고 있다. 전 세대가 함께 모인다는 통합의 이상만큼이나, 각 세대가 필요로 하는 현실적 문제들을 함께 고민해야 하는 것이 교회이다. 한순간에 부서를 모두 없애는 것은 쉬운 해결책이 될 수 없다는 것이다.

세대간 단절은 교회 내의 문제라기보다 세상의 문제들이 교회 안으로 침투한 것이다. 세상 속 그리스도인 역시 이렇게 저렇게 단절되고 고립되어 있다. 이러한 삶의 모든 문제들에 대한 근본적인 해결이 성경 말씀 안에 있다는 믿음으로 그 문제를 힘께 껴안고 고민해야 하는 것이 교회이다. 그렇다면, 그 단절된 세대의 상황을 인정하고, 그들 세대가 겪고 있는 독특한 상황과 고민에 대해 답해주어야 할 의무 역시 교회에게 있다. 예를 들어, 태어날 때부터 디지털과 터치 인터페이스만 보고 자란 Z세대가 실물 경제와 맞닥뜨리며 겪는 좌절과 방황을 그대로 내버려 둘 수는 없는 것이다. 필요에 의해서 생긴 부서 사역이 문제라 하여, 그 필요마저 통합의 이름 아래 무시하고 방치할 수는 없다는 말이다.

가족코칭 교회 모델

셋째로 가족코칭(Family-Equipping) 모델을 마지막으로 살펴보자. 가족코칭 모델은 가족기반 모델이나 가족통합 모델의 단점들을 극복하고 교회와 가정 모두의 본질적 회복을 꾀하기 위해 시도한 노력들의 산물이다. 교회의 상황이나 성경의 가르침 모두에 익숙한 기관사역자, 학자, 운동가들에 의해서 주창되었고, 대표적인 사역자로는 오렌지 운동의 레지 조이너(Reggie Joiner), D6의 론 헌터(Ron Hunter Jr.), 서던침례신학교의 티

가족코칭 교회 모델
Family-Equipping Church

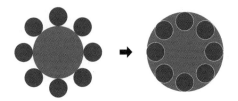

모시 폴 존스(Timothy Paul Jones) 교수 등이 있다. 레지 조이너는 앤디 스탠리와 함께 노스포인트 교회를 개척할 당시부터 가정사역 담당자로서 목회적 고민을 해왔으며, 론 헌터는 랜달 하우스(Randall House)라는 출판사의 대표로서 세대통합 커리큘럼과 훈련사역들을 하고 있고, 티모시 존스 교수는 베스트셀러 작가이면서 서던침례신학교의 가정사역에 관련된 저널과 강의 등을 담당하는 학자이다. 다시 말해, 가족코칭 모델은 목회 현장, 기관사역 현장, 신학교 현장을 가지고 있는 사역자들의 고민이 응축된 결정체라 할 수 있다. 부서 사역을 인정하지 않는 가족통합 교회와 달리 부서사역의 현실적 필요와 역할에 대해 부정적이지 않으며, 학부모들을 동참시키는 정도로 그치기 쉬운 가족기반 교회보다 더 적극적인 통합, 즉 전 교회와 부서의 통합을 실천하려 한다는 면에서 차이점을 보인다.

가족코칭 모델은 앞의 두 모델의 장점을 그대로 수용한다. 가족기반 모델처럼 기존 구조를 허물지 않으면서도, 가족통합

교회가 그립습니다

모델처럼 각 가정의 책임과 기능을 매우 강조한다. 모이면 하나의 큰 가족으로서 서로를 돌아보고, 흩어져도 교회로서 살아가도록 도전한다.

가족코칭 교회 Family-Equipping Church	
장점	기존 구조를 크게 허물지 않으면서 가정의 책임과 기능을 강조, 모든 세대, 모든 가정을 대상으로 함
단점	목회적 에너지 많이 필요, 여전히 움직이지 않는 가정으로 인한 피로감, 가정 쪽 컨텐츠 빈약
부서사역	필요하면, 맥락적(Context)

가족코칭 교회는 부서사역을 세대통합의 장애물로 보지 않는다. 지난 60년 동안의 부서사역의 헌신을 통해 수많은 젊은 이들이 주께로 돌아왔던 것을 기억하고, 지금도 세대별 필요를 채워주는 일이 교회의 역할 중에 있다고 믿는다. 다만 가족코칭 교회는 부서사역을 '맥락적' 관점에서 지켜본다. 각급 부서는 현시대 교회의 '지금, 여기'의 현실이지만, 상황에 따라 얼마든지 변화와 조정을 기할 수 있는 구조로 보는 것이다.

한편, 가족코칭 교회는 부서별로 나뉘어진 상태로 있으면서 생겨난 단절과 방임을 교회와 가정에 대한 본질적인 도전으로 보고, 좌시하지 않는다. 그래서 그 단절과 방임을 뛰어넘기 위해 교회가 하나의 커다란 가족임을 강조하고 또 강조한다. 모든 연령대, 다양한 상황, 다양한 처지에 있는 교회의 구성원들이 한 사람도 소외되지 아니하고 함께 믿음의 걸음을 걷도록 애쓴다.

한편, 모이는 가족으로서의 교회만큼이나 흩어져 살아가는 가정의 교회됨을 강조한다. 각 가정을 믿음이 자라나고, 믿음을 전수하고, 믿음을 실천하는 첫 번째 장소로 본다.

믿음은 일주일에 한 번 교회에서 일어나는 종교 행위가 아니라, 매일의 삶을 현장으로 삼는 평생에 걸친 영적 성숙의 과정이다. 따라서 교회는 주일에 일어나는 예배와 훈련뿐 아니라, 가정에서 일어나는 모든 영적 싸움과 선택의 순간들을 교회 사역의 영역으로 본다. 이 사역에서 제외되는 사람이란 있을 수 없다. 자녀가 있든 없든, 결혼을 했든 안 했든, 우리는 모두 삶의 현장에서 믿음의 싸움을 싸우며 예수님을 닮아가야 할 제자이기에 그렇다.

그러나 여기에 가족코칭 교회의 어려움이 있다. 먼저, 상당한 목회적 에너지를 필요로 한다. 교회의 기존 사역들이 그대로 존재하는 상태에서 가족으로서의 교회를 위한 과제들이 더해졌고, 흩어진 가정들을 교회로 세우기 위한 사역들이 또한 더해졌으니 오죽하겠는가. 아직 교회와 가정에 대한 기존의 고정관념이 여전히 영향을 주는 상태에서, 가정으로서의 교회, 교회로서의 가정이라는 새로운 패러다임을 구체적인 사역으로 전해야 하는 부담도 있다. 그리고 여전히 움직이지 않는 가정들로 인한 피로감이 또한 큰 부담이다.

아무리 지도해도 변화가 없는 가정, 어떤 도전과 지원에도 영적 방임을 늦추지 않는 가정은 있게 마련이다. 그러나 이것은 임시적인 어려움이다. 천천히 가족코칭 교회가 바라는 교회와 가정의 모습이 갖추어져 가면, 기존 개념의 사역들과 업무들은 자연스럽게 본질적 사역에 그 자리를 내줄 것이다.

13

세대통합 사역에 대한
오해 풀기 1

한국판 세대통합 사역의 오해

세대통합을 통한 교회 회복의 열망은 지난 10여 년간 다양한 형태로 나타났다. 최근 들어 고무적인 일은, 앞에서 말한 세 가지 모델들이 서로를 닮아가고 보완하는 형태로 발전하고 있다는 것이다. 부서를 없앤 가족통합 교회이면서도 연령대별, 필요별, 지역별 모임 등을 만들어 그들만의 독특한 필요를 채우려고 하는 교회들이 있다. 가족기반 교회이지만, 가족코칭과 가족통합 모델처럼 각 가정을 교회로 세우는 일을 위해 구체적인 실천을 보이는 교회들도 있다. 가족코칭 교회들 중에는 종국적으로는 가족통합 교회처럼 물리적 통합이 되어야 한다고 믿는 교회들도 많다. 각자의 부족한 부분들을 서로에게서 배우며 차용하고 닮아간다는 것은 매우 반가운 일이다. 결국 교회를 가정 되게, 가정을 교회 되게 하려는 거룩한 열망은 하나님의 마음을 닮아가기 마련이다. 그것이 믿음의 전수요 실천인 것이기에 그렇다.

그런 면에서 한국교회의 세대통합에 대한 노력들을 살펴보고 우리가 놓치고 있는 부분이나 고쳐야 할 부분은 없는지 따져보는 일은 필수적이다. 그럴 때 세대통합 사역의 근본 목적인 하나님이 원하시는 건강한 교회와 가정을 세우는 공동의 목표를 달성할 수 있기 때문이다.

사실 한국교회의 세대통합 사역은 서구의 그것과는 결을 달리한다. 그들이 가지고 있었던 역사적 고민과는 다른 맥락에서 시작되었기에 그렇다. 서구교회는 세상에 빼앗긴 다음세대를 되찾기 위해 시작된 청소년 기관사역 운동과, 그것을 교회 안으로 가지고 온 부서 사역이 오히려 세대간 단절과 부모의 방임을 불러왔다는 자각에서 세대통합 사역을 시작했다. 따라서 그 사역의 내용도 '단절과 방임의 극복'이었다.

그러나 한국교회는 1990년대 들어서면서 위축되기 시작하여 2000년대에 '빠른 속도로 무너진 주일학교를 회복하자'라는 의도에서 세대통합 사역을 받아들였다. 그러지 않으면 한국교회의 미래가 없을 것이라는 위기감 때문이었다. 따라서 그 사역의 내용은 '부흥과 회복'이었다. 이것은 매우 큰 차이이다.

주일학교 혹은 청소년 사역이 교회의 부흥과 연결된 데에는 우리 나름의 역사적 과정이 있다. 한국전쟁 이후 모든 사회가 새로운 시작을 하는 과정에서 미국의 원조와 영향은 지대하였다. 한국교회 역시 예외는 아니어서 미국교회의 도움이 절대적이었다. 따라서 미국교회의 구조와 목회의 내용을 거부감없이 거의 그대로 받아들였다. 마침 전 세계로 확장되던 미국의 각종 청소년 기관사역 운동 등도 한국교회에 큰 영향을 미쳤다.

사랑의교회 고 옥한흠 목사는 1970년대 성도교회 대학부를 사역하며, 그 당시 대학생이었던 방선기 목사가 네비게이토선교회(처음엔 해군들을 위한 사역이었지만 이후 대학생과 직장인을 위한 사역으로 발전한 단체)에서 훈련받는 모습을 보고 그 형식과 내용을 대학생 사역에 접목하여 나중에 옥한흠 식 제자훈련으로 발전시켰다.

하용조 목사 역시 한국대학생선교회(CCC)에서 초대 대표인 김준곤 목사의 지도 아래 학생 사역을 시작했고 7년간 CCC 간사로 일한 경험이 있다. 홍정길 목사는 어떤가? 그 역시 CCC 총무를 역임하다가 신학을 시작하였고 하용조 목사의 CCC 선배로서 영향을 주고 받았다.

이동원 목사는 십대선교회(YFC) 총무였다. 1973년 여의도 광장에 모인 51만 명의 성도들에게 설교하였던 빌리 그래함 목사가 그 YFC의 첫 번째 전임 사역자였다. 이렇게 소위 복음주의 4인방이라고 불리는 목회자들이 모두 청소년 기관사역의 영향을 막대하게 받았다. 그들의 목회는 의도했든 의도하지 않았든 청소년 기관사역의 주요 사역인 일대일 제자양육이나 성

교회가 그립습니다

경공부와 소그룹 활동들을 기반으로 복음과 개인전도와 선교를 강조했고, 이것은 또 다른 제자들을 낳는 폭발적인 성장을 이끌었다. 그렇게 1970년대와 1980년대에 양적 부흥을 경험하였던 세대들은 건강한 교회의 모델로 복음주의 4인방의 교회를 삼았다.

그 부렵, 마침 한국 사회는 '한강의 기적'이라 불릴 만큼 매우 빠른 속도의 경제 성장을 보이며 근대화 가속의 정점에 이르게 되었고, 교회 안으로 들어온 물질주의는 부흥에의 열망과 이상한 화학작용을 일으켜 성공주의, 기복주의, 개교회 대형주의로 변이해갔다. 교회 건물은 커지고 사람들이 많이 몰려오는 것이 부흥이라는 생각이 목회자들 사이에 숨어든 것이다.

그리고 한국교회는 곧 3세대 신드롬에 빠져든다. 처음부터 학생 사역을 당연한 것으로 알고 무비판적으로 받아들여 세대 간의 단절을 가속화한 결과이다. 경제발전과 더불어 부모들이 그들의 자녀들을 주일학교와 기관사역 등에 모두 위임하고, 그들의 책임을 방임한 결과이다. 그래서 아이러니하게도 1980년대와 1990년대 주일학교와 대학생 사역의 절정기를 지났던 사람들이 교회를 떠나가기 시작했다. 그 결과는 2000년대 들어 그들의 자녀들이 주일학교를 나오지 않는 것으로 드러났다. 겉으로 보기엔 다음세대가 줄어든 것처럼 보이지만, 사실은 주일학교를 통과한 어른 세대가 떠나간 것이다. 교계는 그것을 '가나안 성도'의 출현이라 명명하였다. 수년간의 교회 생활 경험이 있음에도 현재는 교회에 속해 있지 않은 새로운 형태의 그리스도인들이다.

한국교회는 이러한 탈교회 현상의 해법을 한국교회를 부흥시켰(다고 생각했)던 사역과 경험 안에서 찾기 시작했다. '예전에 좋았던 때가 어땠지' 하면서 돌아본다는 것이었다. 그럴 수밖에 없는 것이, 1980년대와 1990년대, '그 좋았던 때'를 경험하였던 이들 가운데 남은 자들이 주로 현재 교계의 지도층을 이루고 있기 때문이다.

"그때는 주일학교에 아이들이 버글버글했었지. 대학생들의 성경공부와 일대일 훈련이 일상이었지. 여름성경학교와 수련회, 캠프에 은혜와 결단이 있었지. 그래서 수많은 젊은이들이 선교에 헌신했었지. 순모임이 좋았지. 다락방이 좋았지. 부흥회가 좋았지."

이렇게 좋았던 그때를 떠올리며 그때로 돌아가자는 생각을 하게 되었다. 그런 원상 복귀를 통해, 그때처럼 부흥해야 한국교회에 미래가 있다는 생각을 자연스럽게 하게 된 것이다.

이런 위기감이 고조될 때, 한국에 세대통합 사역이 소개되었다. 무너져가는 다음세대를 세울 미국교회의 새로운 운동이 들어온 것이다. 그런데, 아니 그래서인지 이 운동은 성공주의와 개교회 대형주의에 물든 한국교회에게 '그때로의 회귀'와 '그때처럼의 부흥'을 불러오는 방편인 것으로 오해받게 되었고, 지금도 그런 것 같다. 세대통합 사역이 성공주의의 도구로 전

교회가 그립습니다

락할 수도 있다는 것이다. 사실 세대통합 사역을 하고 있다는 지역교회 가운데에서 그러한 흐름은 쉽게 찾아볼 수 있다.

오래 전 일이다. 싱크와이즈 교육목회 연구소가 분당에 있는 공간 나눔 사무실(공유 오피스)에 있던 시절이다. 서울에 있는 한 대형교회 목회자가 나를 찾아왔다. 용건을 들어보니, 담임 목사의 명령이 떨어졌는데, 그해 가을까지 세대통합 커리큘럼을 만들어내라는 것이었다. 담임목사님이 세대통합 사역에 시쳇말로 '꽂히셨다'는 것이다. 이것이 트렌드이고 대세이며, 앞으로 우리 교회가 해야 할 사역이라고 말하면서, 그해 가을에 전국 단위의 컨퍼런스를 열려고 하니, 그때까지 세대통합 커리큘럼을 만들어내라고 가정사역 담당자였던 그에게 명한 것이다. 당시 세대통합 커리큘럼은 싱크와이즈 외에는 없었기에, 어떻게 하면 좋을지 들어보려고 나를 찾아온 것이었다.

나는 대형교회가 세대통합에 관심을 가지는 것은 황송한 일이나, "(그런 식으로 해선) 될 수도 없고 되어서도 안 될 일이다"라고 잘라 말했다.

"이 사역은 트렌드가 아닙니다. 이 사역은 또 하나의 프로그램이 아닙니다. 갑자기 만들라 한다고 만들 수도 없고, 대형교회가 돈과 사람이 있다 하여 뚝딱 만들어서도 안 됩니다. 이 사역은 잃어버린 교회와 무너진 가정을 다시 세우는 깊은 고민과 지난한 과정이 필요합니다. 귀 교회가 이 일에 대해 그런 고민과 쌓아온 시간이 있으신가요?"

나는 물었다. 그는 쉽게 대답하지 못했다. 그 교회는 청소년 사역을 외부 청소년 전문기관에 위탁하여 운영하던 교회다. 다시 말해, 그들의 다음세대 신앙 양육을 제3자에게 외주로 맡겼다는 말이다. 세대통합 사역이 가려는 방향의 정확히 반대 방향으로 내달리던 교회다. 내게 거절당한 그 목회자는 돌아갔다. 그리고 싱크와이즈 사역 설명회에 여러 목회자들을 데리고 나타났다. 그리고 2년 후, 결국 세대통합 커리큘럼을 만들어내고 전국 단위의 컨퍼런스를 했다. 오랜 시간 동안 임상하고 검증한 것이라고 홍보까지 했다.

그 컨퍼런스에 참석했던 지인이 화를 내며 나에게 말했다. 그들이 우리의 형식과 내용을 거의 그대로 베껴서 만들었다고, 심지어 강의 중에 든 예화와 표현까지 내가 쓰는 것을 그대로 썼다고 했다. 나는 괜찮다고 했다. 어차피 나만의 것이 아니라고 했다. 그것도 일종의 능력이라고 했다.

세대통합은 그런 것이 아니다. 주일학교 부흥 사역도 아니고 트렌드도 아니다. 어쩌면 교회의 미래를 오늘에 앞당겨 세우는 사역도 아니다. 미래 한국교회의 일꾼을 세우는 훈련도 아니고, 심지어 학부모들을 신앙으로 잘 훈련시키는 사역도 아니다. 세대통합 예배를 드린다고 세대통합도 아니고, 가정예배를 잘 드리는 것이 세대통합의 목표도 아니다. 세대통합 커리큘럼을 쓴다고 우리 교회가 세대통합 교회가 되는 것도 아니다.

이에, 나는 지난 10여 년의 사역을 통해 자주 마주치는 세대

교회가 그립습니다

통합 사역의 오해들을 네 가지로 요약해보았다. 이것이 한국교회의 열정을 더 나은 방향과 지경으로 돌리는 작은 발판이 되기를 진심으로 바란다.

부모 동원 사역이 아니다

첫째, 주일학교가 기능하지 않으니 부모를 동원하자는 사역이 아니다.

주일학교가 옛날 같지 않다. 그러나 주일학교가 잘 안 되니까 부모를 동원하여 주일학교 사역을 좀 보완해보자는 사역은 세대통합 사역이 아니다. 결론을 이야기하자면, 부모는 조력자가 아니라 책임자다. 주일학교를 도와주는 사람이 아니라 신앙 전수의 첫 번째 책임자다.

신명기 6장 1-9절은 구약의 지상명령 혹은 구약의 교육선언문이다. 앞의 3부 '그러면 무엇부터 해야 하나'에서 이미 다루었듯이, 하나님은 신앙 전수의 첫 번째 책임자로 부모를 부르셨다. 가정은 그 일이 이루어지는 첫 번째 장소이다. 이 사실을 가장 잘 이해하는 존재가 있는데, 바로 사탄이다. 사탄은 무슨 수를 써서라도 부모가 그 역할을 하지 못하도록 가정을 깨고 관계를 깨뜨린다.

에덴동산에 죄가 들어와 처음 깨놓은 것이 하나님과의 관계였고(창 3:8), 그 다음이 가정 안에서의 부부 관계였다(창 3:12). 가인이 아벨을 시기하여 돌로 쳐죽인 것 역시 그 맥락

속에서 이해할 수 있다. 이에 가정은 신앙 양육의 일번지 장소로서의 책임과 기능을 잃어가고 있다. 그러다보니 생겨난 것이 '방임'이다. 자녀를 제자 삼는 일을 부모가 할 능력이 없으니, 그것을 잘 할 수 있는 제자훈련 전문가에게 맡기겠다는 것이 바로 영적 방임이다. 특별히 훈련받고 헌신된 자만이 이 일을 할 수 있다는 '전문가 주의'를 조심해야 한다.

롤랜드 알렌(Roland Allen)이라는 위대한 선교사가 1919년에 했던 경고가 있다. 그는 교회가 선교를 외부의 특별한 기관이나 개인에게 아웃소싱(위탁)하는 흐름이 발견되는데, 이것은 교회의 생명을 잃어버리는 최악의 결과를 낳을 것이라고 말했다. 교회는 하나님의 선교를 위해 하나님이 직접 디자인하신 기관이다. 그런데 교회가 선교를 특별한 부르심을 받거나 특별한 은사를 가지고 있는 특별한 사람이나 기관만 할 수 있는 것처럼 말하며 그들에게 그 책임을 위임한다면 존재할 이유가 없어지는 것이 아니겠는가.

우리 가정에는 두 명의 미전도 종족이 산다. 그들은 나와는 다른 언어, 다른 문화, 심지어 다른 삶의 목적을 가지고 산다. 만약 나와 아내가 그들에게 복음을 전하고 예수님을 소개하지 않는다면, 그들은 영원히 그리스도에 대해서 듣지도 보지도 못하는 자가 될 수 있다. 나의 두 딸 이야기다.

하나님은 모든 부모들을 그 자녀들의 선교사로 부르셨다. 이 일은 남에게 맡겨 아웃소싱할 일이 아니다. 하나님을 온맘 다해 사랑하고 네 이웃을 네 몸처럼 사랑하라는 대계명을 실천할 첫 번째 이웃이 내 가족이다. 땅끝까지 이르러 제자 삼으라는 대사명을 실천할 첫 번째 장소가 바로 내 가정이다. 그 중요한 일을 하나님은 이 땅의 모든 그리스도인에게 맡기셨다. 한 명도 예외가 아니다. 이 부르심과 사명을 되살리는 것이 바로 교회가 해야 할 일이다. 주일학교로는 안된다고 부모를 동원하지 말라. 부모를 일번지 책임자로 세우라.

학부모를 위한 사역이 아니다

둘째, 주일학교에 자녀를 보내고 있는 학부모를 위한 사역이 아니다.

세대통합 사역을 열심히 하고 있는 교회들의 흔한 실수가 있다. 교회가 다음과 같은 특별한 주일 행사를 기획했다고 가정해 보자. '삼대가 함께 모여 드리는 예배'가 그 행사 제목이다. 행사의 목적은 신앙의 대물림이 얼마나 중요하고 아름다운 것인지를 강조하고, 그렇게 실천하도록 각 가정을 격려하는 것이다. 한 달 전부터 홈페이지와 주보에 광고를 하고 커다란 현수막과 포스터를 붙였다. 행사가 벌어지는 주일을 앞두고 일주일 동안은 특별 세대통합 새벽예배를 선포하였다. 매일 새벽마다 삼대가 함께 나와 기도한다. 할아버지가 아버지 머리 위에 안수하고, 아버지가 자신의 자녀들을 부둥켜안고 기도한다. 감동적인 새벽기도회가 될 것이다. 행사 당일, 모든 부서 모임을 멈추고 세대통합 예배로서 전 세대가 '본당'에 모였다. 삼대가 한 자리에 앉아 함께 예배한다. 강단 위에서 담임목사는 신앙의 대물림에 대한 내용으로 설교하였다. 그 후 온 가족이 서로를 끌어안고 기도하는데, 부모는 새로운 결단을 하며 눈물 뿌려 자녀들을 축복하고, 자녀들은 그러한 부모의 모습을 보며 코끝이 찡해온다.

드디어 광고 시간이다. 그동안 특별 새벽예배에 삼대가 모두 참석하여 개근한 가정들에게 패밀리 레스토랑 식사권을 선물로 주어 격려하였다. 예배 후에는 전문 사진가가 재능기부로 믿음의 삼대 가정들의 가족사진도 찍어주었다. 오늘의 행사는 매우 성공적으로 보인다. 그러나, 정말 그럴까?

사실, 교회는 의도치 않은 실수를 한 것이다. 상상해 보라. 행사 광고가 나왔던 한 달 전부터 마음이 복잡해지는 사람들이 있다. 특별 새벽예배 기간 내내 마음이 불편한 사람들이 있다. 심지어 행사 당일 억장이 무너지며 큰 상처를 받은 사람들이 있다. 믿음의 삼대를 이루지 못했다고 생각하는 신앙의 결손 가정들이다. 자녀를 낳고 싶어도 낳지 못하는 난임부부들, 남편 없이 홀로 자녀를 기르고 있는 싱글맘이나 이혼 가정들, 자녀를 다 길러 떠나보낸 나이 많은 빈 둥지 부부들(empty-nester), 직분은 장로 혹은 집사인데 자식들은 모두 교회를 떠나 고개를 들 수 없는 중직자들, 믿음의 부모를 갖지 못하고 혼자 교회를 출석하는 어린이와 청소년들, 가족과 고향 땅을 떠나 자취하며 일하거나 공부하는 1인 가구들…. 누구 머리 위에 손을 얹어야 할지 모르겠는 어른들과 내 머리 위에 안수해주는 부모가 없는 다음세대는 예배에서 소외되고 은혜에서 제외된 것 같은 마음이 들 것이다. 큰 상처가 될 것이다.

세대통합은 그런 것이 아니다. 주일학교 어린이들과 그들의 학부모만을 위한 사역이 아니다. 하나님 안에서 한 가족이 된 모든 이들을 위한 사역이다. 하나님은 누구를 가족으로 부르셨는가? 그의 마음은 어디를 향하는가? 건강한 자가 아니라 아픈 자에게, 부한 자가 아니라 가난한 자에게 향하신다. 깨어지고 상한 자들에게 가 계시다.

> (너희의 하나님 여호와는) 고아와 과부를 위하여 정의를 행하시며 나그네를 사랑하여 그에게 떡과 옷을 주시나니 _신 10:18

> 네가 밭에서 곡식을 벨 때에 그 한 뭇을 밭에 잊어버렸거든 다시 가서 가져오지 말고 나그네와 고아와 과부를 위하여 남겨두라 그리하면 네 하나님 여호와께서 네 손으로 하는 모든 일에 복을 내리시리라 _신 24:19

> 그의 거룩한 처소에 계신 하나님은 고아의 아버지시며 과부의 재판장이시라 _시 68:5

> 하나님 아버지 앞에서 정결하고 더러움이 없는 경건은 곧 고아와 과부를

그 환난 중에 돌아보고 또 자기를 지켜 세속에 물들지 아니하는 이것이니
라_약 1:27

하나님은 왜 이들을 그토록 돌보실까? 그들은 물려받을 유업도, 물려줄 유업도 없는 자들이다. 다시 말해, 현재의 상황이 너무 어렵고 미래의 소망도 전혀 없는 사람이다. 그들을 그 절망적인 상태 그대로 내버려두지 않으시겠다는 것이 구원의 하나님의 마음이다. 그 일을 위해 하늘 가족들을 두셨고, 그 공동체 안에서 새로운 가족의 일원이 되도록 하신 것이 구약의 이스라엘이요 신약의 교회이다.

가만히 내버려두면 죄의 자식으로 죽을 수밖에 없는 우리들을 하나님은 천국 가족으로 입양하여 주셨다. 우리에게 하늘 아버지가 생겼고, 새로운 삶의 소망이 생겼다. 그것이 복음이다. 교회는 그렇게 한 가족이 된 사람들이다.

사실 현대의 모든 가정들은 깨지고 상했다. 영적인 고아요 과부다. 국내 1인 가구는 2019년 통계 기준으로 전체 2089만 가구의 30.2퍼센트이다. 2인 가구까지 합하면 전체의 58.1퍼센트로, 혼자 살거나 둘만 사는 경우가 열 집 가운데 여섯 집이라는 말이다.[10]

부모와 자녀가 함께 살고 있는 형태의 가구가 매우 적을 뿐

---

10 통계청, 2019년 인구주택총조사 결과, 3

교회가 그립습니다

아니라, 믿음의 가정을 이루고 있는 경우는 더더욱 드물다. 교회는 출석하지만 믿음의 가르침이 전혀 없는 부모를 둔 영적 고아들이 얼마나 많은가. 남편이 멀쩡히 살아있지만, 홀로 외로이 신앙을 지켜내는 영적 과부들이 얼마나 많은가. 자녀가 없어 누구에게 어떻게 신앙의 유산을 물려주어야 할지 막막한 부모들이 얼마나 많은가. 그 외로운 자들이 그 무기력한 상태로 남아있지 않도록 함께 가족이 되어 동행해주는 것이 교회의 역할이다. 그래서 모든 부모세대가 누군가에게 영적 부모가 되어주고 형제와 자매가 되도록 격려하여, 이 땅 위에서도 천국의 가정을 이루어 함께 지어져 가도록 하자는 것이 세대통합 사역이다.

사실, 우리는 그동안 고아와 과부와 나그네를 모른 척하였다. 그들은 나와 다른 형편에 놓여 있는 '불편한 존재'였기 때문이다. 함께 앉아 있을 때 이질감이 없는 사람들과만 어울리기를 내심 원했다. 그래서 청소년들이 따로 예배하겠다고 했을 때 1960년대의 부모들은 속으로 환호성을 질렀다. 어린이 부서가 신설되었을 때 어느 누구도 '그럴 수는 없는 일'이라며 반대하지 않았다. 교육학적으로 더 좋다는 세상의 주장에 편승했다. 우리끼리, 그들끼리 예배하는 것이 당연한 것이 되었다. 편한 사람하고만 함께 있으려는 얕은 마음은 중력처럼 거부할 수 없는 힘이 되었다.

그러나 초대교회는 달랐다. 그 혼란한 이방 문화 속에서도 빛이 났다. 그들은 온갖 차별과 배제, 불신과 반목을 넘어 환대와 포용을 실천했기 때문이다. 그것은 당시 세상에서 볼 수 없었던 혁명적인 삶의 방식이었다. 이러한 삶은 1세기 교회 시대에 들어서면서 이방인과 유대인이, 남자와 여자가, 종과 자유자가 함께 연합하는 놀라운 모습으로 확장된다. 혈육으로서의 유대인이 아니라, 함께 하나님의 자녀로 입양된 고아이며 나그네임을 인정하는 것이 바로 진정한 이스라엘, 즉 교회인 것이었다. 크리스천의 삶은 그토록 매력적이었다.

지금의 교회가 교회다워지는 것도 그러하다. 예나 지금이나 한결같이 하나님은 고아들의 아버지가 되어주신다. 고아와 같은 우리를 받아주시고 나그네와 같은 자들에게 천국이라는 영원한 집을 선물해주신다. 그러한 하나님의 은혜로운 환대, 그리스도의 헌신과 포용, 성령 안에서 하나로 서는 모습을 교회는 되찾아야 한다. 차별과 배제를 넘어 용서와 화해, 환대와 포용을 이룰 때, 세상은 지옥 같은 현실 속에서도 천국을 소망하게 될 것이다.

세대통합 사역은 그러한 교회의 모습을 되찾는 교회론적 회복 운동이다. 상처 입은 자, 고통받는 자, 가난한 자, 소망 없는 자, 세상에서 버림받은 자, 누구도 가까이하려 하지 않는 자를 두 팔 벌려 환대하는 것이다. 무슨 말을 해야 할지 몰라 두렵기까지 한 젊은 세대 옆에 함께 앉아주는 것이다. 그들의 이야기를 들어주는 것이다. 아무리 봐도 가망이 없는 미숙한 어린이

교회가 그립습니다

를 하나님의 눈으로 바라보며 기대감을 불어넣어 주는 것이다. 피 한 방울 섞이지 않은 똥싸개의 기저귀를 갈아주며 찬송가를 흥얼거리는 것이다. 그것이 세대통합이다.

오늘, 교회를 그리워하는 마음이 이토록 가득 차오르는 것은, 아마도 내 가슴속 교회가 큰 가족이었기 때문이리라. 교회 친구들은 내 형제였고 피붙이였다. 주일학교 선생님은 차라리 삼촌 같고 이모 같았다. 주일 아침이 되면 남의 집 대문을 열고 방까지 들어와 잠자고 있는 아이를 깨우고 씻겨서 굴비처럼 엮어 다음 집으로 향했다. 그렇게 데려온 우리들을 교회 마룻바닥에 앉히고 삼촌(!)은 공과책 속 삭개오의 이야기를 온 힘을 다하여 전하였다. 처음 교회에 온 아이가 있던 날, 그를 안고 기도하며 "오늘 하늘나라에 잔치가 열렸다"라고 울먹이던 선생님은 전혀 남이 될 수 없었다. 하늘 가족이고 생명의 혈육이었다.

다시 말하지만, 세대통합 사역은 주일학교 사역이나 교육부서 사역이 아니다. 교회가 어떠해야 하는지 돌아보는 관점의 회복이다. 가족을 잃은 자들이 가족 되게 하는 긍휼 사역이다. 주일학교에 자녀를 보내고 있는 학부모들에게 그들의 자녀들을 잘 길러내라고 외치는 정도에서 멈추면 안 된다. 모든 잃어버린 자들이 교회 안에서 하나의 가족으로 지어져가는 성령의 사역이 되어야 한다. 이 사역에서 예외인 사람은 아무도 없다. 이 길에서는 누구도 소외되거나 제외될 수 없다. 모든 부모세대가 모든 자녀세대와 함께 걷도록 해야 한다.

14

세대통합 사역에 대한
오해 풀기 2

주일학교보다 가정이 효과적이라서가 아니다

셋째, 주일학교보다 가정이 신앙 양육에 더 효과적이기에 하는 것이 아니다.

주일학교에 위임하던 신앙 교육을 가정들이 되찾아 실행할 수 있도록 도전하기 위해 지역교회마다 고심이다. 그러다 보니 세대통합 사역 기관들의 구호나 표현들을 그대로 가져다 쓰는 경우들을 보게 된다. 오렌지 운동을 일으킨 리씽크(reThink)의 구호는 '오렌지를 생각하라'(Think Orange)이다. 교회의 진리를 상징하는 노란색에 가정의 사랑을 상징하는 빨간색을 더하면 오렌지색이 된다는 시각적 표현으로 가정과 교회의 협력을 강조한다. D6는 '1/168, 충분하지 않다'(It's not enough)를 구호로 내세웠다. 교회가 줄 수 있는 영향력이 가정이 줄 수 있는 영향력의 168분의 1밖에 되지 않는다는 뜻이다. 이 영향력의 기준은 '시간'이다. 비슷한 표현을 오렌지 운동에서도 볼 수 있는데 '40대 3000'이 그것이다. 일 년 총 8,760시간 가운데 부모가 자녀와 함께 하는 시간이 대략 3천 시간 정도 된다고 한다. 잠자는 시간과 자녀들이 학교에 가 있는 시간을 제외한 것이 그 정도다. 반면에 주일학교는 일주일에 평균 1시간 정도이며, 그마저도 이런저런 이유로 빠지게 되니 평균적으로 연 40시간 정도라고 오렌지 운동은 파악했다.

요컨대, 1/168 이든 40대 3000이든 주일학교가 다음세대에게 영향을 줄 수 있는 시간은 부모가 가진 잠재력에 비해서 터무니없이 적다는 것이다. 이러한 구호들은 가정의 잠재적 영향력을 잊어버리고 일주일에 한 번 주일학교에 맡기기만 하던 크리스천 부모들의 생각에 큰 충격을 주었다.

좋은 구호는 이렇게 생각과 태도를 바꾸는 좋은 출발점이 된다. 그러나 구호의 역할은 거기까지다. 움직이지 않는 사람들을 입구까지 안내는 할 수 있지만, 구호를 대들보 삼아 집을 지어서는 안 된다. 구호는 원리가 아니다. 기존의 생각을 허물고 새로운 생각에 동참하게 하는 격려일 뿐이다. 교회의 진리가 노란색이고 가정의 사랑이 빨간색이라는, 그래서 둘이 섞여 오렌지색이 된다는 표현은 자칫, 진리를 전하고 가르치는 것은 교회의 몫이고, 무조건적 사랑을 보이는 것은 가정의 역할인 것으로 오역되기 쉽다.

가정이 할 일이 따로 있고 교회가 할 역할이 따로 있는 것이 아니다. 모이면 가정이고 흩어져도 교회다. 1/168이나 40대 3000의 표현을 더 많은 시간을 가지고 있는 쪽이 더 좋은 효과가 나타난다고 해석해서도 안 된다. 그것은 일반 은총 속 세상의 원리다. 그러나 신앙의 대물림은 일반 은총의 영역에 갇히지 않는다. 효과적으로 잘 가르친다고 해서 신앙이 생성되거나 자라나지 않는다.

우리가 전하고자 하는 신앙이 무엇인가? 예수 그리스도다. 그를 보내신 하나님의 사랑과 다함이 없는 은혜다. 이 사랑과 은혜의 특성이 무엇인가? 효율과 효과와는 애초에 거리가 멀다. 누가 사랑을 효율적으로 하나? 정신나간 소리다. 사랑은 뒤를 보지 않고 퍼붓는 것이다. 콩깍지가 씌어 계산을 못하는 바보짓이 사랑이다. 은혜는 어떠한가? 효과를 기대하며 은혜를 부어주나? 아니다. 그럴만한 가치도 없고 그럴 능력도 없는, 자격 없는 자에게 조건 없이 부어주시는 것이 은혜다. 이 사랑과 은혜는 계산할 수도, 예측할 수도 없는 상황을 낳는다.

개천 같은 부모 밑에서 용 같은 신앙의 자녀가 얼마든지 나올 수 있다. 반면에, 믿음의 부모가 아무리 사랑을 쏟아부어도 그 자녀가 신앙과 멀어져 개차반인 삶을 살 수도 있다. 그 증거는 성경에 차고 넘친다.

사무엘이 누구인가? 한나의 기도와 양육으로 그 어둡던 사사시대에도 믿음 안에서 자라며 '말씀하옵소서 주의 종이 듣겠나이다'라고 했던 자다. 단에서 브엘세바까지 모든 사람들이 그가 하나님이 세우신 선지자임을 알았던 인물로, 그 기도하는 것이 하나도 땅에 떨어지지 않았던 자다. 통일왕국 시대를 열며 사울과 다윗에게 기름을 부었던 자요, 실수나 잘못이 하나도 기록되지 않은 인물이다. 그런데 그 아들들인 요엘과 아비야는 그 아버지의 행위를 따르지 아니하고 이익을 따라 뇌물을 받고 판결을 굽게 하는 사사가 되었다(삼상 8장). 그들 때문에 백성들은 고통 가운데 차라리 인간 왕을 달라고 하여, 하나님을 왕으로 모신 신정시대가 막을 내리고 인간 왕을 세운 왕정시대로 넘어가게 되었다.

선왕 중의 선왕 다윗왕의 자녀들은 어떤가? 첫째 아들 암논은 그 누이 다말을 강간한다. 셋째 아들 압살롬은 자신의 형 암논을 살해한다(삼하 13장). 그 후 아버지의 왕권을 뺏기 위해 쿠데타를 벌이고, 아버지의 후궁들을 백주에 강간하는 끔찍한 일을 벌인다. 히스기야는 어떤가? 성전을 보수하고 정화하며 우상숭배를 금하는 종교개혁을 일으켜 산당들을 때려 부수고 아세라 목상을 잘라냈다. 히스기야의 그 유명한 기도에 하나님은 태양을 멈추시고 그의 수명을 15년이나 연장시켜 주셨다. 그러나 그 연장된 기간에 낳은 아들 므낫세는 12세에 왕위에 올라 아버지가 헐어버린 산당을 다시 세우고, 바알을 위해 단을 쌓고 아세라 목상을 다시 만들어 온 나라가 우상 천지가 되게 하였다(대하 33장).

반면에, 고작 8살에 왕위에 올랐던 요시야 왕은 어떤가? 그의 아버지 아몬은 재위 2년 만에 궁정 쿠데타로 끔찍한 죽음을 당한 무기력한 아버지였다(왕하 21-22장). 요시야가 그 아버지 밑에서 제대로 된 교육과 양육도 받지 못했을 것은 뻔한 일이다. 그러나 요시야는 성전 수리 중에 우연히 율법서를 발견한 후 남유다의 어려움이 모두 말씀을 떠나 하나님과 이방신을 겸하여 섬긴 죄 때문임을 깨닫는다. 은혜를 입은 것이다. 이에 그는 이방 신상을 철거하고 절기를 회복하는 대대적인 종교개혁을 단행한다.

좋은 믿음의 부모 밑에서도 신앙을 떠난 탕자와 같은 자녀가 얼마든지 나올 수 있다. 반면에, 처참한 폭력과 저주가 넘쳐나는 황폐한 가정에서도 얼마든지 충성스러운 예수의 제자가 나타날 수 있다. 이 모든 일들은 우리를 겸손하게 한다.

부모가 더 많은 시간을 들여 열심히 신앙을 가르치면 자녀들이 믿음의 사람으로 확실히 자라날 것이라고 확신하는 것은 미신이다. 부모의 양육 태도가 아니라, 오직 주의 사랑과 은혜로 구원을 얻는다. 부모가 잘 가르쳐 믿음이 자라는 것이 아니라, 성령의 인도와 동행으로만 신자는 자라난다. 우리에게 예수가 절실한 것처럼, 우리의 자녀들 역시 예수가 아니면 안 된다. 죽었다 깨어나도 부모는 구원자 예수를 대신할 수 없다.

믿음의 자녀를 세우는 일이 부모의 능력을 벗어나는 다른 차원의 일이라면, 왜 세대통합 사역에서 가정과 부모의 역할을 강조하는가? 부모가 할 수 있기 때문이 아니라, 부모에게 하라고 명하셨기 때문이다. 그렇게 하는 것이 효과적이어서가 아니라, 그렇게 하라고 하나님께서 말씀하시기 때문이다.

이해를 돕기 위해 '전도'의 일을 예로써 가지고 온다. 우리가 전도하는 이유는 우리가 할 수 있기 때문이 아니라 예수께서 명하셨기 때문이다. 예루살렘과 온 유대와 사마리아와 땅끝까지 이르러 예수의 증인이 되라는 명령을 실천하는 것이 전도요 선교다. 그러나 그 일의 주체는 성령이시다. 제자가 아니다. 제자는 자기가 보고 들은 것을 증언만 하면 된다. 나머지는 성령이 하신다.

우리가 좀 더 효과적으로 설명하거나 전달한다고 해서 믿지 않는 자가 더 잘 설득당하는 것이 전도가 아니다. 전도는 어찌보면 미련한 것이다. 십자가의 도가 멸망하는 자들에게는 미련한 것이라고 바울은 말했다(고전 1:18). 그리고 하나님은 전도의 미련한 것으로 믿는 자들을 구원하시기를 기뻐하신다(고전 1:21). 유대인처럼 표적을 구하든, 헬라인처럼 지혜를 찾든, 그런 기이한 일과 지적인 자극이 아닌, 십자가에 못 박힌 그리스도만이 전도의 모든 것이다(고전 1:22-25). 만약 당신이 전도했는데 누군가 믿게 되었다면, 그것은 당신의 전도법이 효과적이거나 당신의 공감 능력이 탁월했기 때문이 아니다. 오랜 시간 공을 들였기 때문도 아니다. 성령께서 그렇게 하시기로 정하셨기 때문이다. 하나님의 열심이 그를 믿는 자로 돌이키신 것이다.

하나님은 가정을 신앙 전수의 첫 번째 장소로 디자인하셨다. 부모가 효율적이고 효과적이어서가 아니라, 하나님이 그렇게 디자인하셨기 때문에 우리는 따른다.

나를 비롯한 이 땅의 숱한 크리스천 부모들은 오늘도 죄와의 싸움에서 부지기수로 지고 있다. 조그마한 일에도 모멸감을 느끼며 이웃에게 분을 내고, 적은 이익을 위해 양심을 팔고, 아무렇지도 않게 환경과 지구를 오염시키고 있으며, 불의는 참아도 불이익은 못 참아 갑질을 한다. 그게 우리다. 이렇게 믿지 못할 부모에게 하나님은 천하보다 귀한 영혼들을 맡기셨다. 그리고 사랑과 은혜를 부어주신다. 그것이 기적이다. 그 사랑에 힘입어 내가 만난 주님, 내가 받은 은혜를 그저 전하면 된다. 그것이 아름답고 선한 일이며, 하나님에게 기쁨이 된다. 부모가 더 효율적이거나 효과적이어서가 아니다. 하나님이 명하셨기에 우리는 오늘도 자녀를 제자 삼는다.

아이들이 몰려오게 만드는 사역이 아니다

넷째, 교회에 아이들이 몰려오게 만드는 사역이 아니다.

세대통합 사역을 하면 교회가 과거의 영광을 회복할 수 있을 것이라고 기대하는 자들이 많다. 미리 답을 말한다. 옛날로 돌아가면 안 된다. 그 이유를 설명하기 위해 한국 기독교 교육이 어떤 변화를 거쳐왔는지 먼저 간단히 정리해 보자.

예수천당 시대 : 전래 초기~1970년대, How to Reach

19세기 말 기독교 전래 초기부터 1970년대까지 한국교회
는 '예수천당 불신지옥'으로 대변할 수 있는 전도적·선교적 내
용의 접근 방법으로 민중에게 다가섰다. 조선 후기 파벌정치와
뒤이은 일제강점기 동안 숱한 탄압 속에서도 한국교회가 세상
의 소망으로 버틸 수 있었던 이유이다. 20세기 초 대부흥운동
기를 경험한 한국교회는 백만인 구령운동 등을 통해 양적 성장
의 기반을 마련하였고 이후 10년 간격으로 계속 두 배씩 성장
하는 놀라운 양상을 보였다.[11]

1945년	382,800명
1955년	1,000,482명
1965년	2,255,193명
1979년	5,986,609명

그래서 이 시대의 태도는 'How to Reach'라고 할 수 있다.
아직 그리스도를 알지 못하는 이들에게 어떻게 다가갈 수 있을
까, 그래서 어떻게 복음을 전할 수 있을까에 교회의 모든 관심
과 역량이 집중적으로 쏟아졌고, 대규모 전도와 그에 따른 집

---

11 이만열, 한국교회 성장과 그 둔화 현상의 교회사적 고찰, http://www.churchr.or.kr/
news/articlePrint.html?idxno=2836

단적 회심은 드라마틱한 경험을 교회에 선사하였다.

주일학교 시대 : 1980~1990년대, How to Teach

이러한 성장세는 1990년대 초반까지 이어졌다. 이제 교회는 회원교인, 특히 어린아이들을 어떻게 가르치고 돌봐야 할지에 대한 진지한 고민을 하기 시작했다. 상대적으로 단순한 열정만으로도 충분히 관리되었던 주일학교는 이제 전문적인 교육원리와 교육 보조재료의 도입 등이 필요하게 되었고, 교회는 교육환경 개선과 교사의 질 향상에 관심을 기울이게 되었다.

이 시대의 키워드는 '주일학교'여서 교회마다 주일학교 부흥을 위한 교육관 설립과 교육목사 제도의 도입 등을 통해 질적 향상을 꾀하는 때라 평할 수 있다. 그래서 이 시대의 태도는 'How to Teach'라고 할 수 있다. 몰려오는 아이들을 어떻게 더 잘 가르칠 것인가에 한국교회는 집중했다. 전국 단위의 교사대학이나 교사부흥회 등이 유행했고, 각 교회마다 교육환경을 더 좋게 개선하는 일에 많은 예산을 들였다.

손으로 써서 넘기던 궤도가 OHP 필름 투사기로 바뀌고, 곧이어 컬러풀한 동적 화면을 제공하는 프로젝터 기기가 등장했다. 일반 학교 교실에서도 볼 수 없는 첨단기기와 교보재를 통하여 성경 속의 이야기와 교훈들을 배웠고, 다음세대의 행동특성에 맞는 배움의 방법들과 원리들이 교회교육 안에서 활발하게 시도되었다. 여름성경학교는 그러한 주일학교 교육의 정

교회가 그립습니다

점이었다.

방학기간을 활용하여 시간과 공간을 집중적으로 공유하는 캠프식 여름성경학교는 다음세대의 평범한 일상에 폭포수와 같은 충격을 주었다. 많은 어린이와 청소년들이 특별한 체험 속에 예수 그리스도를 영접하였고, 여름성경학교 이후 가을과 겨울이 지나가기까지 그 열기는 이어졌다. 자녀의 변화를 보고 그 부모까지 교회에 등록하는 일이 빈번하여 주일학교는 교회 성장의 동력이 되었다고도 할 수 있다.

다음세대 시대 : 1990년대 후반~2010년대, How to Catch

그러나 한국교회는 1990년대 들어 교인 증가세가 천천히 둔화되기 시작하였고, 21세기로 접어들며 기독교인 전체 인구의 감소세는 더욱 가파르게 이어졌다. 새로이 복음을 받아들이는 자는 줄어들고 기존 교인들의 수평이동이 증가하며, 교단 간의 교인 쟁탈로까지 파행을 보이기 시작한다.[12]

특히 청소년들의 기존 교회 이탈이 눈에 띄게 늘었는데, 입시 경쟁과 성공주의, 개인주의의 확산이라는 사회적 분위기가 한몫했다고도 할 수 있다. 한국교회 6개 교단 모두 1990년대 초반 1퍼센트 미만의 교인 성장세를 보이며 한국교회의 미래가 영국교회처럼 될 것이라는 예상들이 보편적으로 받아들여

---

12 기독교연합신문, 1994년 10월 2일자. 5면.

지기 시작한 것도 이때이다.

그래서 이 시대의 키워드는 '다음세대(를 붙잡는 것)'이다. 이러다가는 우리 교회가 수십 년 후에 없어질지도 모른다는 위기감에 '다음세대'를 고민하게 되었기 때문이다. 이렇게 교회의 현재뿐 아니라 미래를 걱정하며, 교회마다 떠나가는 세대를 어떻게 붙잡을 것인가를 고민하기 시작했다는 의미에서 'How to Catch'로 시대정신을 정리할 수 있겠다. 이때, 많은 교회의 다음세대 부서들은 떠나가는 세대를 붙잡기 위해 '잃은 양 찾기' 등의 회귀 프로그램이나 '달란트 잔치' 등의 붙잡기 행사 등을 통해 부서의 인원을 유지하거나 회복하기 위해 애를 썼다. 장년 부서에서는 '전도 축제', '연예인 초청 간증집회', '특별 새벽부흥회' 등을 기획하여 이전의 교회 부흥기에서 보였던 대규모 집회를 통한 집단 회심이 다시 한 번 불일듯 일어나기를 기대하는 시도들이 유행하기 시작했다.

세대통합 시대 : 2010년대 이후, How to Match

교회 안의 다음세대를 그리스도의 제자로 세우는 일에 '주일학교'의 기능과 역량이 한계에 도달했다고 생각한 교회는 그 대안으로 '가정'을 생각하기 시작했다. 이러한 흐름은 미국의 바이블벨트라고 불려지는 남부지역에서 먼저 시작된 것으로, 주일학교를 없애는 가족통합 교회 형태부터 가정과 교회를 함께 세워가는 가족코칭 교회에 이르기까지 다양한 시도를 했

교회가 그립습니다

고, 그로 인한 현장들이 나타나기 시작했다. 학문적 접근이라 할 수 있는 D6운동과 목회적 접근이라고 할 수 있는 오렌지 운동 등이 미국교회에 잔잔한 영향을 주기 시작했으며, 그것들은 2010년대 초중반 한국교회에도 소개된다.

그러나 한국교회는 이 두 가지 운동을 '대안 주일학교 운동'으로 오해하여, 여전히 주일학교를 기반으로 한 교육적 틀 안에서 이해하려는 경향을 보였다. 사실 이 사역은 전 세대를 위한, 전 생애를 통한, 전 교회적 목회 운동이며, 교육의 영역과 목회의 영역을 나누지 않고 통합하는 시도를 통해 '가르치려는 태도'(How to Teach)를 내려놓고 '함께 엮어가는 목회'(How to Match)를 통해 교회의 가정됨과 가정의 교회됨을 회복하자는 목적임을 잊어서는 안 될 것이다.

How to Reach, 어떻게 다가가 복음을 전할까로 시작해서, How to Teach, 몰려온 아이들을 어떻게 가르칠까를 고민하다가, How to Catch, 결국 떠나가는 세대를 어떻게 붙잡을까 고민하게 된 것이 한국 기독교교육의 현실이다. 다음세대를 가르침의 대상으로만 놓고 교육학적인 방법을 동원하여 잘 가르친다고 해서 신앙이 가르쳐지는 것이 아님을 깨달아, 이제 How to Match로 나아가야 한다. 이전의 주일학교의 추억이 아무리 좋다 해도, 그 주일학교의 양적 성장이 오히려 부모세대와 다음세대 사이를 갈라놓는 단절과 영적 방임을 낳았음을 잊지 말아야 한다. 그러니 절대 그때로 돌아가서는 안 된다. 지금의 자리에서 새롭게 시작해야 한다.

이상으로 세대통합 사역의 대표적인 네 가지 오해들을 살펴보았다. 이것은 현재 교회의 노력과 실천이 잘못되었다거나 틀렸음을 지적하려는 것이 아니다. 우리의 연약함을 인정하고, 하나님의 실수가 없으신 계획과 명령에 더욱 순종하자는 것이다. 상황에 따라 반응하였던 우리의 습관을 내려놓고, 시대가 바뀌어도 흔들리지 않을 주의 일하심을 기대하자는 것이다. 결국, 하나님은 이 글을 읽고 있는 당신을 통해 일하실 것이다. 나는 그것을 소망한다.

15

세대통합을 하려면
이렇게 전환하라

세대통합은 불변의 교회 가치에 대한 회복 운동이다

세상이 변했다. 그러니 교회도 변해야 한다? 맞고도 틀린 말이다. 교회의 존재 목적과 가치는 변하지 않지만, 그 존재 형태와 양식은 세상에 맞게, 혹은 세상에 맞서 물처럼 바뀌어야 한다. 세대통합 사역은 교회의 급변기에 깨달은, 변치 않는 교회 가치에 대한 회복 운동이다. 우리 마음속 그리움으로 자리잡은 옛 교회의 모습 중 참가치를 회복하되, 그러나 막연히 옛날로 돌아가는 원점 회귀는 절대로 안 된다. 오히려 바꿀 수 있는 것은 다 바꾸어야 한다. 마지막 기회라고 생각하며 피를 토해야 한다.

세상에 빼앗긴 아이들을 되찾기 위해 학생신앙운동이 1950년대에 발현했다면, 그래도 돌아오지 않는 아이들을 위해

1960년대 교회가 그 운동을 차용했다면, 이제 단절과 방임으로 퇴색된 가족으로서의 교회를 회복하기 위해 21세기의 교회는 다시 한 번 변신해야 한다. 그러나 그 과정에서 우리는 중력에 이끌린 시계추처럼 또 옛 습관으로 되돌아가 옛 교회를 재생하는 모습이 있었다. 세대통합 사역으로 이름만 바뀌었을 뿐이지, 교회성장 노하우로 휘두를 도구만 구하지 않았는가? 회개하는 마음으로 주 앞에 선다.

지금부터 제안할 네 가지의 길은 세대통합 사역 전문가로서 지난 10년을 보낸 한 목회자의 참회의 읍소이다. 이렇게 갔어야 했는데, 그러지 못한 아쉬움의 외침이다. 당신은 꼭 이 길로 가기를 바란다.

타이타닉이 침몰하고 있는데, 갑판 위에 흐트러진 의자 줄을 맞추는 것이 무슨 큰 의미가 있겠는가? 지금 당장 바꾸어 진행해야 할 교회의 길에 집중하라.

첫째, 사역의 최소 단위를 '가정'으로 전환하라

상상해 보라. 당신의 교회에 새로운 멤버가 찾아왔다. 그때 어떤 일이 일어나는가? 새신자 담당 사역자가 붙어 그를 환영하고 최소한의 정보를 확보한 후, 다음 과정으로 안내할 것이다. '새생명반' 등의 이름이 붙은 신입회원 훈련 과정은 교회를 알리고 교회에 정착할 수 있게 잘 디자인되어 있을 것이다.

또 상상해 보자. 새로이 결혼하여 가정을 이루려는 커플이

교회가 그립습니다

있다. 그때 어떤 일이 일어나는가? 새가정부 담당 사역자가 '결혼예비학교' 과정을 안내하여 참석하도록 안내할 것이다. 결혼예비학교는 가정의 성경적 의미를 가르치고 부부의 성, MBTI 검사를 통한 상호이해, 부부 대화법 등의 강의 등으로 짜여 있을 것이다. 교회가 이러한 것들을 준비하고 실천하는 일은 귀하고 감사한 일이다. 그러나 이제 '그리운 교회'를 되찾기 위해 한 가지 근본적 변화를 주자. 사역의 최소 단위가 개인이 아닌 그가 속한 '가정'이라고 생각하면 어떤 일이 벌어질까?

다시 상상해 보라. 당신의 교회에 새로운 멤버가 찾아왔다. 그러나 사실은 한 사람이 찾아온 것이 아니다! 한 가정이 오늘 우리 교회와 연결된 것이다! 그는 폭력적인 남편을 둔 매 맞는 아내일 수도 있고, 위선으로 가득 찬 부모를 둔 청년일 수도 있고, 이혼의 위기 가운데 있는 30대 가장일 수도 있다. 한 사람이 아니라 한 가정이 찾아왔다고 생각하고 접근하면, 그와 그 가정에 연결해 줄 사역자, 혹은 또 다른 가정이 필요할 것이다. 비슷한 상황 속에 있는 관련 그룹과 천천히 연결하여 마음을 열게 할 수도 있다.

새로이 결혼하는 커플도 마찬가지다. 사역의 최소 단위가 결혼하는 한 청년이 아니라 그가 속한 가정이라고 생각해 보라. 교회는 처음으로 자녀를 독립시켜야 하는 한 가정을 발견하게 될 것이다. 신랑 신부의 MBTI 검사 진행보다, 딸 아이를 떠나보내야만 하는 아버지의 마음을 준비시킬 일을 하게 될 것이다. 결혼예비학교 마지막 시간에 기념사진 촬영을 하는 것보다, 자녀를 떠나보내는 부모들이 함께 참여하여 창세기 2장 24절의 순간을 함께 축복하며 기념할 수도 있지 않을까.

이런 식으로 지금 교회가 하는 모든 사역과 프로그램을 책상 위에 올려놓고, 이 사역들의 최소 단위를 개인이 아닌 가정으로 바꿔보라. 여름성경학교는 어떻게 변할까? 세례식(침례식)은 어떻게 변할까? 단기선교여행은 어떻게 변할까? 큐티훈련은? 제자훈련은? 직분자 교육은? 신이 나지 않는가? 가슴이 뛰지 않는가? 제각기 모래알처럼 흩어져 각자도생하는 세상에서, 모두 하나로 연결된 가정과 교회로, 하나님이 기뻐하실 하늘 가족으로 세워가는 목회가 새삼 가슴 뛰지 않는가? 이미 교회가 잘하고 있는 사역들을 이렇게 관점만 바꾸는 것으로 충분히 세대통합 교회의 길로 들어서게 할 수 있다.

둘째, 모으는 사역에서 보내는 사역으로 전환하라

지구는 태양 주위를 약 107,226km/h로 공전하고 있다. 시속 10만 킬로미터 이상의 엄청난 속도에도 불구하고 지구가 태양계 밖으로 튕겨 나가지 않는 것은 지구를 끌어당기는 태양의 힘이 태양을 벗어나려는 지구의 힘과 정확히 균형을 이루고 있기 때문이다. 이 원심력과 구심력의 균형은 대부분의 체계에서도 동일하게 미덕으로 작용한다. 교회도 예외가 아니다. 우리는 교회로 모인다. 날마다 모이기를 힘써야 한다. 그러나 그 힘만큼 세상으로 나아가야 한다. 우리 안에 갇혀서는 안 된다.

애틀랜타의 한 교회를 방문한 적이 있었는데, 그 교회 본당 양 기둥에 크게 써 있는 문구가 크게 도전이 되었다. 왼쪽 기둥에는 'To Know Him'이라 적혀 있었고, 오른쪽 기둥에는 'To Make Him Known'이라 적혀 있었다. 그 교회는 '주를 알기 위해' 모이고 '주를 알리기 위해' 흩어진다는 교회의 목적을 분명히 알고 있었다. 이 균형이 건강한 교회됨을 유지한다.

지금 우리는 많은 사람들이 시끌벅적하게 모였었던 옛 교회의 모습을 그리워한다. 나 역시 그러하다. 그러나 (코로나로 인해) 흩어진 이 상황에서 우리가 놓치지 말고 꼭 배워야 할 것이 있다. 왜 모이지 못하는 것을 이토록 당황해 하는가? 혹시 우리가 모인 교회만 교회라고 생각하지는 않았는가? 모이기에 힘을 썼지만 흩어져 살아내는 방향성을 잃지는 않았는가? 모이지 못하는 상황에 이토록 가슴을 치면서도, 세상에 흩어져 살아내지 못한 것에 대해서는 그토록 무딘 상태로 있지는 않았는가? 그동안 한국교회가 '와 보라'는 주님의 명령에 잘 순종하였다면, 지금은 '내가 너희를 세상에 보내노라'는 주의 명령을 매일의 삶 속에서 실천할 기회를 얻었다고 할 것이다.

지금 당장 교회가 행하는 모든 사역을 책상 위에 펼쳐놓으라. 그리고 '모으는 사역'은 왼쪽에, '보내는 사역'은 오른쪽에 모아보라. 어느 한 쪽으로 크게 기울어진 상태라면, 이제 그 균형을 맞추어야 한다. 아마도 한국교회는 모으는 사역이 보내는 사역의 두 배가 넘을 것이다. 그러나 이때 지혜가 필요하다. 무턱대고 빈약한 분야에 새로운 사역을 만들어 집어넣으면 안 된다. 한정된 시간과 자원으로 인해 교회공동체가 더욱 힘들어질 수 있다. 우선 모으던 사역을 보내는 사역으로 전환할 수 있다. 교회에 모여 제자훈련을 했다면, 구역이나 소그룹 현장으로 사역자를 파송하여 그곳에서 진행할 수 있다. 교회로 부르던 새생명축제를 지역으로 침투하는 선교적 모델로 바꿀 수 있다. 모이는 것이 힘들어진 상황을 오히려 세상으로 나아가는 계기로 창의적 전환이 가능한 것이다. 한꺼번에 바꾸지 말고, 하나씩 개선하고 실행하며 단계적으로 확장해 보라.

셋째, 가르치는 사역에서 긍휼 사역으로 전환하라

교회 안에 학교가 많다. 많아도 너무 많다. 이전에는 교회에 학교가 있다는 것이 신선했다. 자식을 낳기만 하면 자동으로 아버지가 되는 줄 알았던 남성들은 '아버지학교'라는 제목의 과정이 있다는 이야기를 듣고 큰 충격을 받았다. '그래, 아버지 역할을 위해 배워야 할 것이 많지!' 수많은 아버지들이 깨닫고 눈물 흘리며, 후회하고 결심하며 변화되었다. 그렇게 교회 안 학교는 큰 가르침과 변화를 성도들에게 주었다.

그런데 이제 학교가 넘쳐난다. 무엇이든 교회가 다 가르치려 든다. 예비부부학교, 부부학교, 위기부모학교. 아기학교, 유아학교, 태아학교. 심지어 성품학교도 있다. 잘 짜여진 과정을 만들고 그것을 통과하면 그 과정에 합당한 사람이 된 듯한 착각이 든다. 가르치는 이나 배우는 이나 마찬가지다.

그렇지 않다. 제자훈련, 사역훈련 통과했다고 제자가 되지 않는다. 그 과정이 말하는 것을 살아낼 때, 그리고 그 과정에 합당하지 못한 자신을 발견할 때, 주님이 아니고서는 선한 것 하나 없는 자신을 발견하고 매달릴 때, 우리를 다듬으시는 성령의 일하심에 발을 맞추게 된다. 이 말은 교회 안의 배움의 과정이나 훈련이 불필요하다는 말이 아니다. 이미 충분히 많다는 말이다. 지금은 또 다른 훈련의 과정을 세울 때가 아니라, 실제로 움직여 손으로 만질 수 있는 열매로 주께 드려야 할 때라는 말이다.

교회는 학교가 아니다. 가정이다. 강도 만난 자의 이웃이고, 갈 곳 잃은 배의 안전한 포구다. 하나님이 우리를 그의 자녀로 입양하여 주셔서 거룩한 백성으로 삼아주신 사실을 보여주어야 한다. 고아와 과부가 하나님을 만나 아버지를 얻고 신랑 되신 주님을 얻게 해야 한다. 홀로 외로이 걸어가는 나그네와 같은 인생이 없도록, 그들에게 돌아갈 본향이 있다는 사실을 동행하며 보여주어야 한다.

그러니 지금 당장 교회 안의 모든 사역을 책상 위에 올려놓으라. 학교라고 불릴 수 있는 것들이 무엇이 있는지 메모지에 하나씩 적어 배열하라. 그런 후, 망가진 가정, 외로운 인생이 하나님을 아버지 삼고 교회를 가정 삼도록 하는 구체적 사역으로 무엇이 있는지 생각해보라. 있다면, 마찬가지로 메모지에 하나씩 적어 배열하라. 그 균형이 무너져 있다면 조율해보라.

여기서도 새로운 사역을 덧붙이려 하지 말고, 이미 하고 있는 사역들을 가르침 사역에서 긍휼 사역으로 전환해 보자. 예를 들어 '아버지학교'라는 가르침의 과정을 아버지와 관련된 긍휼 사역으로 전환해보자. 아버지학교를 수료한 수료생들의 자원을 받아, 그들이 소년소녀 가장들의 영적 아버지가 되어보는 것은 어떨까. 고등부 자녀들의 진로 탐색을 돕기 위해 전문직이나 독특한 직업을 가진 교회 어른들이 자신의 직장으로 아이들을 초대해보는 것은 어떨까? 우리 교회가 큰 가족이 되어 우리 모두의 자녀를 함께 기르고, 서로 의지할 수 있는 형제와 자매로 서도록 하는 식으로, 아이디어를 구체적으로 내보라.

넷째, 교회학교가 아닌 교구 중심으로 전환하라

간단하고 분명하게 이야기하자면, 세대통합 사역은 주일학교 사역이 아니다. 다음세대에게 신앙을 전수하는 일은 교회 모두의 일이다. 주일학교에서 가정통신문 만들어 아이들 손에 들려 집에 보낸다고 되는 일이 아니다. 학부모들을 불러 '사역설명회'를 한다고 되는 일이 아니다. 이 일은 목회적 결단과 전교회적 참여가 필요한 사역이다. 몇 가지 프로그램이 아니라, 그 프로그램이 돌아가는 플랫폼을 새롭게 하는 것이다. 교회가 어

교회가 그립습니다

떠해야 하는가에 대한 교회론적 접근이고, 목양의 본질적 회복이다. 어느 한 부서가 총대를 매는 일이 아니라 전교회의 새로운 규범(new normal), 일종의 새 문화를 형성하는 것이다. 따라서 세대통합의 길을 설명하는 일은 결코 간단하지 않다. 지난 10년 동안 출판, 훈련, 컨퍼런스, 교육목회 컨설팅 등을 통해 이 사역을 알려왔는데, 교회 전체와 나눌 수 있는 가장 단순하면서도 포괄적인 표현이 필요했다. 긴 설명이 필요없는 단순한 안내가 때로 큰 역할을 하기 때문이다. 그것이 이것이다.

"교구가 신앙 전수의 중심이 되게 하라"

이 표현 안에는 지난 수십 년의 교육학적, 신학적, 목회적 고민이 담겨 있다.

이 책을 첫 페이지부터 지금까지 성실히 읽어 온 독자는 이제 그 뜻을 대략 붙잡을 수 있을 것이다. 교회 본당이 아니다. 담임목사의 설교가 아니다. 주일학교가 아니다. 교회 안의 수없이 많은 훈련과정도 아니다. 삶의 현장, 상처 입은 연약한 가정들의 모임인 교구(구역, 셀, 소그룹, 다락방 그 무엇으로 불리든)를 신앙 전수의 장으로 살려낸다면, 가정이 교회 되고 교회가 가정이 되는 그리운 교회의 모습으로 우리는 한 발자국 더 다가설 수 있을 것이다.

표현이 단순할수록 그 내용이 갖는 파괴력은 크다. 교구가 중심이 된다는 것은 천지개벽할 일이다. 결코 쉽지 않고, 단기간에 이루어지지 않는다. 그러나 한국교회는 교구목회에 엄청난 잠재력을 가지고 있다. 웬만한 한국교회는 이미 교구 조직을 갖추고 있다. 각 교구를 담당할 경험 많은 헌신된 소그룹 리더들이 잘 준비되어 있다. 세계 교회가 부러워할 일이다. 이들을 중심으로 교구에 속한 가정들이 서로 연결되게 하라. 그 가정의 모든 가족들이 연결되게 하라. 담임목사를 꼭지점으로 삼는 피라미드식 위계구조가 아니라, 서로 어깨동무를 한 동그라미 구조의 연결이다. 그러기 위해 교구 담당 소그룹 리더들이 세대통합 사역에 대한 전반적인 이해를 갖게 하라. 이 책을 함께 읽고, 특히 1부와 2부의 내용들에 대해 집중적으로 토의하라.

교구 편성은 지역별 혹은 또래별 편성 등이 가능하다. 지역별 편성은 이웃하고 있는 가정들을 서로 엮어 근거리 유대감을 강화하고 함께 자주 모여 삶을 나누고 실제적 도움을 주고받는 데에 유리하다. 또래별 편성은 비슷한 과제와 상황에 놓인 가정들이 서로의 어려움을 공유하며 서로 격려하는 데에 유리하다. 이때, 어떤 편성을 하든 부모세대와 다음세대가 함께 모일 수 있도록 하라.

충남 당진의 D교회는 패밀리 처치(family church)라는 이름으로 지역별 교구 모임을 갖는데, 매월 둘째 주는 또래별 모임으로, 마지막 주는 전체 모임으로 구성하여 지역별 모임과 또래 모임의 장점을 모두 갖추려는 편성을 하고 있다. 경기 안양의 J교회는 자녀 연령대에 맞게 교구를 재편하여 자녀를 제자삼는 부모 그룹으로 세우려는 의도적 편성을 보인다.

매주 모든 세대가 다같이 지역별 소그룹으로 모이면 좋겠지만, 현재의 상황과 형편을 고려하여 일반적 소그룹 편성을 기본으로 진행하다가 한 달에 한 번 정도만 전 연령대가 지역별로 모이는 일종의 미니 캠퍼스 전략을 취하는 것도 고려할 수 있다. 이렇게 모인 교구는 스스로를 작지만 하나의 교회처럼 여겨야 한다. 예배, 훈련, 교육, 전도, 봉사가 그 교구를 통해 구역이 속한 지역사회와 구역을 이루는 각 가정 안에서 일어나도록 계획하고 지도하고 안내하라.

예를 들어, 현재 교구별로 선교사를 파송하고 후원하는 교회는 이미 많이 존재한다. 같은 방식으로 주중 주일학교 사역도 교구가 감당하도록 하라. 주일 이외에 주중에 한 번 더 모여, 자신의 동네에서 이웃하고 있는 언니, 오빠, 형, 누나, 동생들과 함께 모여 예배하고 찬양하며 친해지고 형제애를 쌓도록, 교구가 다음세대의 중심이 되어야 한다.

이처럼, 사역의 최소 단위를 개인이 아닌 가정으로 두고, 모으는 사역에서 보내는 사역으로 전환하며, 가르칠 대상이 아닌 긍휼의 대상으로 서로를 바라보고, 교회학교가 아닌 교구가 중심이 되는 세대통합 교육목회로 전환할 때, 단절과 방임을 넘어 함께 지어져가는 그리운 교회의 길로 우리는 한 걸음 나아갈 수 있을 것이다.

16

우리의 내일이
부끄럽지 않으려면

어른 먼저(?) 숨을 쉬어야

정확히 4년 만이었다. 귀국에 필요한 많은 경비를 조금이라도 줄이기 위해 우리 가족은 샌프란시스코, 하와이, 나리타를 경유하여 인천에 도착하는 비행기 편을 예약했다. 네 개의 서로 다른 비행기, 세 번의 환승, 크고 작은 짐을 두 번째 경유지에서 한 번 빼냈다가 다시 태워야만 하는 복잡한 일정이었다. 긴 귀국길 끝, 나리타에서 대한민국 국적기로 갈아탔다.

이것이 얼마만인가? 한국어로 편하게 말을 주고받을 수 있는 어여쁜 승무원들이 과도할 정도로 친절하게 응대해주는 것이 비현실적으로 느껴졌다. 그리고 이내 나는 '정말 한국에 돌아가는구나'라고 중얼거리고 있는 자신을 발견했다. 그 순간, 조그마한 답답함이 명치에서부터 올라왔다. 이 편안한 한국 국

192   교회가 그립습니다

적의 비행기 안에서 나는 오히려 불편해지기 시작했다. 꿈을 벗어나 현실을 마주하기 시작한 것이다.

그때는 '헬조선'이니 '흙수저 계급론'이니 하는 말들이 아직 등장하지 않았을 무렵이다. 세월호 사건도, 최순실 국정 농단도 일어나지 않았던 때다. 마스크를 써야만 외출할 수 있는 팬데믹 상황도 아니었다. 그러나 한국은 그때도 숨이 콱 막히는 나라였다. 어린아이로부터 노인에 이르기까지 모든 연령층의 사람들이 저마다의 답답함을 가지고 있었고, 마지 못해 살고 있는 자들이 많았다. 할 수만 있다면 이민 가고 싶다는 성인이 75퍼센트를 넘어섰고, 20-30대의 좌절은 깊어만 갔다. 숨통을 조여오는 경쟁, 저녁이 있는 삶을 포기한 직장인과 학생들, 함께 만나 밥 한 끼 하는 것도 쉽지 않은 흩어진 가족들의 땅으로 돌아가는 나의 가슴은, 태극 마크가 보이는 국적 비행기 안에서 갑자기 각성한 병사처럼 뛰기 시작했다.

사실 그 숨막힘은 때늦은 유학의 중요한 이유 중 하나였다. 나는 다음세대를 위해 모든 삶을 드리기로 하나님께 서원한 사역자다. 그 결심을 할 때만 해도 한국 교계에서 '어린이 사역'이란 말은 초보 목회자 후보생들이나 하는 일로 취급을 받았다. 그 일로 평생을 보내겠다고 하는 사람은 없었고, 실제로 그런 길을 가는 사람도 극히 드물었다. 그래서였을까? 이 일은 '계란으로 바위를 치는 일'처럼 여겨졌다. 배우고 싶어도 다음세대 사역에 대한 큰 그림을 가지고 있는 이를 찾기가 쉽지 않았다.

다음세대 사역에 대한 온전한 이해를 가진 담임 목회자를 찾기는 더욱 어려웠다. 이론도, 실제도, 사람도 손에 잡히지 않는 상황 속에서 한국교회는 썰물처럼 빠져나가는 젊은 세대를 쳐다볼 수밖에 없었다. 세상의 문제가 교회 안에서도 그대로 발생했다. 교회가 세상을 치유하기는 커녕 세상이 교회를 걱정하는 상황이었다. 기독 문화가 꽃피기도 전에 사그러져가는 답답한 상황 속에서, 하나님의 은혜를 들이마실 수 없도록 세상의 미세먼지와 바이러스가 날마다 매서운 북풍처럼 몰아치고 있었다.

나는 답답한 마음에 "지금이 몇 시입니까?"라는 질문을 반복하며 하나님께 답을 구했고, 해갈되지 않은 목마름에 이끌려 유학길에 올랐다. 그리고 오랜 질문에 대한 나름의 답을 가지고 드디어 귀국길에 오른 것이다. 그런데, 4년 만에 다시 앉은 국적기 이코노미석에서, 나는 잊고 있었던 익숙한 답답함에 적잖이 당황하고 있었다.

'어떻게 하면 우리의 아이들이 이 땅에서 하나님의 은혜를 깊이 들이마시는 복된 삶을 살게 할 수 있을까? 주의 은혜는 이미 우리 주변에 충만한데, 그것을 가로막는 미세먼지 같은 북풍을 어찌 막아낼 수 있을까?'

그때, 앞좌석 뒷면에 마련된 작은 스크린 안에서 기내 방송 영상이 재생되기 시작했다. 환영 인사와 더불어 위급 상황시의 안전 행동과 지침을 비디오로 보여주는 것이었다. 수없이 많이 들었고 봐왔을 그 내용을 나는 약간의 반가움을 가지고 지켜보았다.

'한국어로 나오는 안내방송이라니…!'

동영상 안의 여승무원은 비상구 위치를 알려준 후 구명조끼를 입는 법을 열심히 몸소 보여주고 있었다. 이 지루한 내용을 왜 그리 뚫어지게 보고 있었을까? 그때, 내 시선을 사로잡는 장면이 있었다. 바로 '숨 막히는 상황에서 숨을 쉬게 하는 법'을 알려주는 것이었다!

비행기에서 산소가 부족해지는 위급한 상황이 오게 되면 좌석 위쪽에서 산소마스크가 자동으로 떨어진다고 한다. 그러면 마스크 부분을 입에 잘 대고 머리끈 부분을 양손으로 잡아당겨 마스크가 틈이 없이 입 주변에 잘 밀착되도록 해주면 된다고 한다. 그런데 옆자리에 어린이가 앉아 있을 경우에는 어린이에게 먼저 씌우지 말라는 것이다!

'왜?'

나도 모르게 작은 소리로 물었다. 그러자 아시아나 항공이 말씀하셨다. '보호자가 먼저 산소마스크를 제대로 쓴 후에 옆에 있는 어린이를 도우라'고.

"네가 먼저 숨을 쉬어야 남을 숨 쉬게 할 수 있지 않겠니?"

나는 그렇게 호통치시는 하나님의 음성을 들었다. 나는 무릎을 쳤다. 그렇다!

한국교회는 영적 산소가 부족한 위기 상황을 통과하고 있다. 많은 지역교회들은 그래서 열심히 영적 산소마스크를 만들었다. 주일학교라는 산소마스크, 여름성경학교라는 산소마스크, 무슨무슨 잔치, 무슨무슨 프로그램…, 그리고 지난 30년 동안 열심히 그 산소마스크를 씌워주려고 애썼다.

"얘들아. 이거 쓰지 않으면 죽어. 살고 싶다면, 천국 가려면, 이걸 빨리 써야 해."

그것은 진심이었다. 간절한 소원이었다. 그런데 정작 어른들은 그 산소마스크를 쓰지 못했다. 그 은혜를 깊이 들이마셔 온전히 자신의 것으로 삼지 못했다. 자기가 먼저 정신 차리고, 자기가 먼저 살아 숨을 쉬어야 옆에 있는 사람이 숨 쉬도록 도울 수 있을 것인데, 우리는 그러지 못했다.

나 자신은 죽어가더라도 아이들은 살려야 한다는 마음이었다고? 그럴 수는 없다! 생명이 생명을 낳는 법이다. 소경이 소경을 어떻게 인도하겠는가? 나는 그 자리에서 결심했다. 이제 두 시간여 흘러 고국 땅에 도착하게 되면, 다음세대를 세우기 전에 나 자신을 먼저 세우는 신자가 되겠다고. 그들을 가르치기 전에, 우리 자신을 먼저 가르치는 교사와 목사가 되겠다고.

믿음의 후대를 남기는 세 가지 기둥

그런데 한 가지 문제가 생겼다. 참 좋은 깨달음이기는 하지만 그 출처가 궁색했다. 명색이 목사인데, 옆에 있는 다음세대를 돕기 전에 우리 자신이 먼저 영적 산소마스크를 써야 한다고 아시아나 항공이 그러시더라…, 그럴 수는 없지 않은가? 하나

교회가 그립습니다

님이 그런 말씀을 하고 계신지, 성경이 그와 같은 말씀을 담고 있는지 곰곰이 생각해봤다.

있다! 한두 군데가 아니다! 성경은 사실 수없이 많은 곳에서, 먼저 선 믿음의 사람을 통해 믿음의 후대를 남기는 일의 중요성을 강조하고 있었다. 그것을 그 뜻대로 못 알아챘을 뿐이다.

그 많은 말씀 가운데 나는 주저하지 않고 디모데후서 2장 15절을 가장 중요한 말씀으로 꼽고 싶다. 나는 이 말씀대로 살고 싶고, 이 말씀대로 죽고 싶다. 내 묘비명에 이 말씀이 적히길 원한다.

너는 진리의 말씀을 옳게 분별하며 부끄러울 것이 없는 일꾼으로 인정된 자로 자신을 하나님 앞에 드리기를 힘쓰라 _딤후 2:15

나는 지금도 내 사역이 하나님과 사람 앞에 바로 진행되고 있는지 확인하고 싶을 때마다 이 말씀을 상고하며 이 말씀에 나의 삶을 빗대어 본다. 그러면 다시 정신을 번쩍 차리게 된다. 이 말씀을 세대통합 사역자의 마지막 부탁으로 남기고 싶어 마지막 장의 내용으로 삼는다.

디모데후서는 바울의 유언과도 같은 편지이다. 바울은 자신의 마지막 때가 가까웠음을 직감적으로 알았다(딤후 4:6). 의사 누가 외에는 모두 그의 곁을 떠난 상황에서, 바울은 아들처럼 여기는 제자 디모데에게 두 번째, 곧 마지막 유언의 편지를 남겼던 것이다.

바울은 디모데가 자신의 뒤를 이어 충실한 후계자가 될 것을 간절히 바랐다. 자신은 전제로 부어 사라지듯 죽어 없어지더라도, 하나님의 말씀으로 하나님의 사람을 세우는 일은 그침이 없이 계속되어야 하기 때문이다.

그런데 바울은 디모데에게 사람들을 어떻게 하면 잘 가르칠 수 있는지의 노하우를 유언으로 남기지 않았다. 그보다 '너 자신을 먼저 세우라'고 권면한다. 디모데 자신이 먼저 세워지지 아니하면 또 다른 사람들을 세울 수 없다는 것을 잘 알았기 때문이다. 그것이 디모데후서의 주제다. 그래서 디모데후서 전체의 주제를 한 절로 요약한다면 이 말씀이 가장 적절해 보인다.

이 짧은 구절 안에는 자기 자신을 먼저 세우는 세 가지 중요한 기둥이 놓여 있다.

<u>첫 번째 기둥은 진리의 말씀에 관한 것이다.</u>

바울은 디모데에게 요청한다. '진리의 말씀을 옳게 분별하라'고. 그렇다. 틀린 말이 아니다. 하나님의 말씀을 가르쳐야 할 바울의 후계자가 말씀이 무슨 뜻인지 분간도 못 하고 어떻게 그 일을 감당하겠는가. 너무나 당연해서 시시하게까지 느껴지는 대목이다.

그런데 이 말은 그런 정도의 무게가 아니다. 여기서 '분별하며'로 번역된 헬라어 오쏘토메오(ὀρθοτομέω)는 성경 전체에서

교회가 그립습니다

딱 한 번 등장하는 단어이다. 일상적이거나 뻔한 표현이 아닌 것이다. 자주 쓰이지 않는 흔치 않은 단어를 바울이 가지고 온 것은 그 말이 아니면 설명할 방법이 없기 때문이다. '말씀을 제대로 이해해라, 말씀을 제대로 공부해라, 말씀이 무슨 뜻인지 명확히 알아라'는 식의 뻔한 말이 아니라, 무엇인가 다른 뉘앙스를 가지고 있다는 말이다.

사실 오쏘토메오는 '길을 바르게 놓다', 혹은 '바른 길을 놓다'라는 뜻을 가지고 있다. 바울은 지금 디모데에게 '진리의 말씀의 길을 바로 놓아다오'라고 부탁하는 것이다.

독자들의 마음에 선명히 그려지도록 한 비유를 들고 싶다. 내가 4년 동안 살았던 댈러스라고 하는 도시는 미국의 텍사스 주 안에 있는, 미국에서 네 번째로 큰 도시다. 많은 미국인들이 사랑하고 있는 프로 축구팀인 댈러스 카우보이스의 본거지로도 유명하다. 이 댈러스에는 텍사스 출신으로 대통령이 된 사람들의 이름을 딴 도로가 두 개 있다. 하나는 린든 존슨 프리웨이(Lyndon B. Johnson Freeway)로 정식 명칭은 'Interstate 635', 즉 I-635다. 린든 존슨은 텍사스 민주당 상원의원 출신으로 존 F. 케네디 대통령의 부통령을 지냈던 자였는데, 케네디가 댈러스에서 암살당하자 그의 뒤를 이어 36대 미국 대통령이 되었다.

또 하나의 도로는 '조지 부시 턴파이크'(President George Bush Turnpike)로 41대 대통령인 조지 부시(George H. W.

Bush) 대통령의 이름을 따서 만든 유료 도로이다. 그의 아들 조지 W. 부시도 대통령이 되어, 부자가 모두 미국의 대통령이 된 텍사스의 자랑이다.

여기서 질문 하나! 텍사스 주 정부가 이 두 개의 도로를 놓을 때 온 힘을 다하여 열심히 깔았을까, 아니면 대충 깔았을까? 두 말할 것 없이 그들은 열심히 깔았다. 왜? 대충 깔면 민망한 일이 생기기 때문이다. 대충 깔면 사람들이 이렇게 말할 것이기 때문이다.

"조지 부시는 왜 이리 불편해? 조지 부시 엉망이야. 조지 부시, 비만 오면 망가져. 여기 패이고 저리 패이고. 조지 부시는 맨날 공사중. 조지 부시는 돈까지 내라고 해. 조지 부시 망해라!"

누가 욕을 먹는가? 대통령의 이름이 욕을 먹는다. 자신들이 자랑스러워서 붙인 텍사스 출신의 전직 대통령 이름이 먹칠을 당한다. 그래서 사람 이름은 함부로 아무 데나 붙이는 것이 아니다. 붙였으면 그에 걸맞는 내용과 품질을 보여주어야 한다. 그래서 텍사스 주 정부는 자기들이 자랑스러워하는 두 대통령의 이름이 달려 있는 이 길을 정말 열심히 제대로 놓았다. 지금 바울이 쓰고 있는 단어 오쏘토메오가 바로 그런 뜻이다. 제발 여호와의 이름이 달려 있는 말씀의 길을 제대로 깔아달라는 부탁이다.

성경은 혼자 공부하고 마는 책이 아니다. 그것은 진리의 말씀이다. 개인의 지적 만족을 위해 쓰인 책이 아니다. 인류의 생존과 영원한 생명을 위해 쓰여진 책이다. 따라서 성경을 공부하는 모든 신자는 혼자 공부하여 머릿속에 집어넣는 데 그칠 것이 아니라, 그것을 알지 못해 죽어가는 영혼들을 위하여 그 길을 이어야 할 책임이 있다. 그래서 바울은 흔치 않은 '길을 바르게 놓다'라는 뜻의 단어를 가지고 온 것이다.

그렇다. 성경을 가르친다는 것은 마치 길을 놓는 것과 같다. 그것도 삶으로 놓는 길이다. 이 말씀의 길을 엉망으로 깔면 우리가 욕을 먹는 것이 아니다. 그 길의 주인, 그 말씀의 주인, 우리가 자랑스러워서 그 길에 가져다 붙인 여호와의 이름이 모욕당한다.

"여호와의 길이 왜 이리 불편해? 여호와의 길, 엉망이야. 여호와의 길, 조금만 어려우면 망가져. 여기 패이고 저리 패이고. 여호와의 길은 맨날 공사중! 게다가 헌금까지 내라고? 여호와의 길 망해라!"

지금 세상이 그렇게 이 길을 욕하고 있다. 죽어가는 영혼들을 생명으로 인도하는 말씀의 길이 오해받고 있다. 그 길을 삶으로 제대로 깔아내지 못한 우리들의 위선 때문이다.

하나님의 말씀을 듣고 배우는 데 있어서 한국교회만큼 열심인 교회가 또 있을까. 일주일에 열리는 공예배만도 몇 번인가. 얼마나 많은 교회에서 얼마나 많은 설교 강단을 통해 얼마나 좋은 말씀들이 울려 퍼지고 있는가. 그런데 진리의 말씀은 스피커에서 울리는 소리가 아니라, 삶의 현장에서 삶으로 소리치며 삶으로 깔아야 할 길이었다. 그러나 우리는 그 길을 제대로 까는 일에 서툴렀다. 들은 말씀과 사는 길이 달랐다.

교회에서는 천사 같은 얼굴, 천사 같은 미소, 천사 같은 음성으로 '당신은 사랑받기 위해 태어난 사람'이라고 찬양하고 봉사하지만, 우리의 일상의 길은 울퉁불퉁 비뚤어졌다. 하나님 아닌 것이 주인 행세를 하고, 말씀이 아닌 자신의 경험과 육감이 나침반이 되었다. 생명줄을 붙잡은 것이 아니라, 썩은 동아줄을 붙잡고 사는 꼴이었다.

진리의 말씀이 우리에게 주어졌다. 그것은 '… 하나님의 감동으로 된 것으로 교훈과 책망과 바르게 함과 의로 교육하기에 유익'한 것이다(딤후 3:15). 그러나 그 온전하신 진리의 말씀을 내 삶의 길로 바르게 깔아내지 못하면 내 뒤를 좇아오는 수많은 이름 모를 후손들에게 영원한 악영향을 미치게 될지도 모른다. 그래서 야고보 사도는 이렇게 말씀하셨다.

내 형제들아 너희는 선생된 우리가 더 큰 심판을 받을 줄 알고 선생이 많이 되지 말라_약 3:1

우리가 먼저 말씀의 산소마스크를 쓰고 그 은혜를 깊이 들이마셔야 하는 이유다. 두려움으로 말씀을 대하고 진중하고 진실되게 삶으로 깔아내야 하는 이유다. 쭉 뻗은 고속도로를 삽시

교회가 그립습니다

간에 만들려 하지 말고, 높으신 여호와의 길을 천천히 부지런히 성실하게 깔아야 한다.

   <u>두 번째 기둥은 부끄러울 것이 없는 일꾼에 관한 것이다.</u>
   바울은 이어서 디모데에게 요청한다. '부끄러울 것이 없는 일꾼으로 인정된 자'가 되라고. 여기서 또 하나의 좌절이 우리에게 찾아온다. 어떻게 하나님 앞에 부끄러울 것이 없는 자로 인정을 받을 수 있다는 말인가? 책잡을 것 하나 없는 자가 어디 있으며 부끄러운 과거 없이 당당할 수 있는 자가 누가 있겠느냐는 말이다. 그러나 그것은 오해이다. 이 말씀은 점 하나 티끌 하나도 없이 깨끗한 사람이 되라는 말이 아니다. 아니, 오히려 여기저기 찔리고 상처입은 자여도 괜찮다는 말씀이다.
   핵심은 '부끄러울 것이 없는'에 있지 않고 '인정된 자'에 있다. 여기 '인정하다'로 번역된 헬라어 '도키모스'(δόκιμος)는 일종의 군사용어다. '인정하다'보다는 '검증하다'에 더 가까운 뜻을 가지고 있다.
   바울 당시의 사람들은 주변에서 로마 군인들의 모습을 흔히 볼 수 있었다. 로마제국이 세계를 제패하고 다스리고 있는 상황에서 로마군대는 지역을 점령하고 민란을 수습하거나 방지하기 위한 필수적인 조직이었다. 그러나 거대한 로마제국을 유지하기 위해서는 군인의 수가 턱없이 부족했고, 이에 징병제에서 모병제를 겸하게 되는 군제개혁을 감행하게 된다. 이 개혁으로 인력 수급의 문제는 어느 정도 해결되었지만, 새로운 문제가 나타났다. 바로 군인들의 충성의 문제, 다시 말해 로마 황제를 위해 목숨을 던질 각오가 되어 있는 충성된 군인인가를 검증해야 하는 과제였다. 일종의 계약직처럼 모병을 하였기에 단순히 돈을 보고 들어왔거나 전리품에 더 관심이 많은 자들이 많았고, 그런 자들은 로마의 군인이라기보다는 용병이나 사병처럼 행동하는 현상을 보였기 때문이다.

그러면, 로마군대는 저 사람이 돈만 바라는 용병이 아니라 황제를 위해 목숨을 걸 수 있는 진짜 군인이라는 사실을 어떻게 검증할 수 있었을까? 그들의 외모를 보고? 아니다. 그들의 칼 솜씨를 보고? 아니다. 그들을 전쟁터로 내보내 보면 안다. 그들이 어떤 태도로 싸우는지를 보면 돈을 바라고 모인 용병인지, 아니면 황제를 위해 목숨을 던질 각오가 되어 있는 진정한 로마 군인인지 이내 검증할 수 있다. 바울은 두렵게도 그 군사 용어인 '도키모스'를 가져와 우리의 군대장관이신 예수 그리스도의 충성된 군사인지 검증받아야 한다고 도전하는 것이다.

정말 그렇다. 삶은 전쟁터다. 아침부터 밤까지 끊임없는 영적 시련과 유혹이 덤벼드는 영적 전쟁터이며, 우리는 그 전쟁터에 부르심을 받은 군인이다. 그런데 우리는 도통 싸우려 하지 않는다. 이 핑계 저 핑계 대며 용병처럼 머리를 굴린다.

"하나님, 이런 작은 싸움은 그냥 넘어갑시다. 제가 나중에 큰 싸움에서 큰 승리를 하여 하나님께 큰 영광을 돌릴 테니, 이런 시시한 싸움은 좀 넘어갑시다." 그렇게 말한다.

"하나님, 우리 아이가 고3입니다. 올해는 좀 넘어갑시다. 천년이 하루 같으신 분이니 1년은 눈 깜짝할 사이 아니십니까? 우리 애 1년만 눈감아 주시면, 이 아이 앞으로 큰 영광 돌릴 아이입니다. 고3은 웬만하면 예수님도 안 건드시는 것이 좋습니다." 그런 식이다.

"하나님, 제가 졸업만 하면, 하나님 제가 입사만 하면, 하나님, 제가 승진만 하면, 하나님, 제가 이번 프로젝트만 끝나면, 하나님, 제가 은퇴를 하면 하나님께 큰 영광을 돌리는 큰 헌신을 하겠습니다. 그런데 지금은 아닙니다. 이번만 좀 넘어갑시다."

우리의 핑계는 평생 그칠 줄 모른다. 적군인지 아군인지 모를 일이다. 아무리 봐도 용병이지 황제를 위해 목숨을 바칠 군인으로 보이질 않는다. 수도 없이 많은 영적 전쟁이 우리 앞에 날마다 펼쳐지는데, 우리는 교묘히 이리 빠지고 저리 빠지며 황제를 위해 창과 방패를 들려 하지 않는다. 이런 우리가 바로 부끄러운 군인이다.

성경은 예수 그리스도께서 다시 오시는 그날, 이 땅에서의 전쟁이 끝이 난다고 말씀하신다. 교회는 결국 승리한다고 말이다. 모든 눈에서 모든 눈물을 닦아주시며, 새 하늘과 새 땅이 열리는 그 승리의 날이 올 것이라고 말이다.

그러나 그날에 승전국의 군인이면서도 부끄러워 얼굴을 들지 못하는 사람들이 있을 것이다. 바로 싸우지 않은 용병들이다. 꼭 적군처럼 행동했던 자칭 큰 믿음의 사람들이다. 한 번도 쏴보지 않은 총을 들고, 새것 그대로인 군복을 입고, 총사령관이신 예수님 앞에 선 그들은 매우 부끄러울 것이다.

그런데 그날에 부끄럽지 않은 군인들이 있다. 크든 작든 싸워야 할 싸움을 피하지 않고 싸운 군인들이다. 싸우다가 찔리기도 하고 잘리기도 해서 겉모습이 볼품없을지라도, 그는 부끄러울 것이 없는 참 군인이다. 세상은 '팔병신 다리병신'이라는 험한 욕을 해댔지만, 꿋꿋하게 버티고 싸우다 승리의 날을 맞이한 참 군인들이다. 그들은 예수님의 목을 끌어안고 감격의 입맞춤을 할 것이다.

"예수님, 제가 실력이 없어서 찔리기도 하고 잘리기도 했어요. 제가 많이 부끄럽습니다."

주님이 대답하실 것이다.

"부끄럽다니! 잘하였도다, 착하고 충성된 종아. 네가 작은 일에 충성하였으니 네 주인의 즐거움에 참예하거라"(마 25:21).

그가 바로 부끄러울 것이 없는 인정받은 일꾼이다. 능력이 없어도, 큰 업적이 아니어도, 오늘 싸워야 할 싸움을 포기하지 않는 사람들이다. 이 다음에 큰 영광 돌리겠다며 오늘 드려야 할 충성을 내일로 미루는 자가 아니다. 누군가를 가르치기 전에, 다음세대를 염려하기 전에, 내가 싸워야 할 오늘의 전투에서 작은 승리를 연습하는 충성된 자로 우리가 서야 할 이유다.

교회가 그립습니다

마지막 세 번째 기둥은 "자신을 하나님 앞에 드리기를 힘쓰라"는 문장 마지막 표현에 있다.

사실 이것이 핵심이다. 디모데후서 2장 15절은 한 문장으로 되어 있는데, 동사인 '힘쓰라'가 앞부분에 나오고 나머지 말들이 그 뒤를 잇는 구조로 되어 있다. 순서대로 새로 직역하자면 '힘쓰라, 자신을 하나님 앞에 인정된 자로 드리기를, 부끄러울 것이 없는, 진리의 말씀을 옳게 분별하는'이라는 식이다. 한국어 번역은 정확히 반대의 순서대로 되어 있다. 따라서 바울이 힘을 실어 강조한 것은 사실 '힘쓰다'라는 뜻의 헬라어 동사 '스포다조'(σπουδάζω)이다. 이것은 일종의 스포츠 용어이다.

스포츠는 바울 당시에도 대중에게 매우 인기있는 것이었다. 그래서 바울은 그들에게 익숙한 운동선수의 이미지를 빌려와 하늘의 진리를 강조하고자 하였다. 디모데후서 2장 초반부에 병사, 경기하는 자, 농부의 이미지를 빌어 충성된 사역자의 역할을 강조한 것도 이런 맥락에서다(딤후 2:1-6). '스포다조'는 운동선수가 그의 모든 힘을 다 쏟아 경주하는 모습을 말한다. 그저 적당히 열심히 하거나 수고하거나 애를 쓰는 것이 아니라 진력을 다하는, 마지막 모든 것을 다 쏟아붓는 경기자의 모습이다. 그런 열정과 노력으로 디모데 자신을 하나님 앞에 드리라는 것이다.

한편 이 '스포다조'는 흥미로운 단어이다. 그 안에 '열정'과 '의지'가 모두 담겨 있기 때문이다. 열정과 의지는 언뜻 보기에 상반되는 뉘앙스를 가지고 있다. 불꽃처럼 활활 타오르는 열정과 얼음처럼 냉정한 의지는 뒤섞이기 힘들어 보인다. 그러나 이 두 단어는 사실 한 쌍으로 작용하는 같은 말인 것을 '스포다조'는 보여준다. 열정과 의지는 함께 일한다. 다만 열정이 첫 부분에 위치할 뿐이다. 거의 모든 사람, 거의 모든 일의 첫 시작은 열정으로 시작된다.

열정에 의지를 더할 시간

나는 아내를 처음 만난 그날을 잊을 수가 없다. 늦가을, 모든 세상이 흑백사진처럼 보이던 구름 가득한 어느 날, 붉은 트렌치코트를 입고 나타난 연붉은 입술과 백짓장처럼 하얀 얼굴의 그녀를 어찌 잊겠는가. 내 심장은 심하게 뛰어댔고, 그것을 감추기 위해 혼자 팔짱을 낀 채로 이야기했어야 했다. 난 그녀를 얻기 위해 '스포다조'했다. 나의 모든 열정을 다 바쳤다는 것이다. 타오르는 가슴으로 구애했고, 천신만고 끝에 결혼에 성공했다. 오래된 좁은 아파트라도 신혼집으로 만족했고, 적은 월급도 아무런 장애가 되지 않았다.

나는 타오르는 열정으로 나의 신부를 사랑했다. 아침에 눈을 뜰 때마다 내 옆에 누워 있는 어여쁜 신부를 보면 가슴이 떨렸다. 그리고 이제 20년이 흘렀다. 지금도 아내를 보면 내 가슴이 두 방망이질 칠까? 가끔 그런다. 내 심장이 안 좋거나, 아내에게 무엇인가를 숨기거나 했을 때.

20년을 같이 지낸 아내를 보면서 열정으로 가슴이 뛸 리는 없다. 열정은… 아쉽게도 쉬이 식어 버린다. 그것이 열정의 특성이다. 이제 '의지'가 뛰어들 타이밍이 된 것이다.

나는 위에서 '스포다조'의 열정과 의지를 소개하며 둘은 서로 다른 것 같아 보이나 함께 일하는 한 쌍의 단어라고 말했다. 다만 '열정'의 스포다조가 먼저 위치할 뿐이라고도 말했다. 이제 '의지'의 스포다조가 일할 차례다.

결혼 20년 차의 나는 이제 '열정'이 아니라 '의지'로 나의 신부를 사랑한다. 왠지 서글프게 들린다고? 우리는 보통 타오르는 열정의 사랑은 고귀한 것이고, 의지를 다하는 사랑은 애처롭게 느낀다. 그렇지 않다. 다시 말하지만 열정은 누구나, 거의 모든 일에 다 갖게 되는 것이다. 그것은 시작하는 사람들을 위한, 일종의 하나님의 선물 같은 것이다.

나는 당구를 처음 배울 때도 열정이 넘쳤다. 이렇게 재미있는 것이 세상에 또 있을까, 그렇게 생각했다. 네모난 직사각형의 실내에만 들어가면 당구대로 보였고, 사람들의 머리는 당구공으로 보였다. 당구에 '스포다조'의 열정이 있었다. 그러나 그게 얼마를 가던가? 피아노를 처음 배우던 시절은 어떤가? 너무나 재미있어서 치지 말라고 해도, 시끄럽다고 해도 당신은 건반을 두들겨대지 않았는가? 그러나 그것이 얼마를 가던가? 그것이 '열정'이다.

그러나 '의지'는 놀랍다. 그것은 다른 차원의 헌신을 우리에게 요한다. 보기만 해도 좋고 예쁜 신혼의 아내에게 잘해주는 것은 누구나 할 수 있는 일이다. 그러나 수십 년의 시간이 흘러 열정은 식고 이성이 작용하게 되는 때에, 20년 지기 아내를 사랑하는 일은 다른 차원의 희생과 헌신, 배려와 존중을 요구한다. 나는 그것을 아무나 할 수 없는 '진짜 사랑'이라고 이름 붙이고 싶다. 가슴 뛰는 대로 사랑했던 초보적인 사랑을 뛰어넘어, 무슨 일이 있어도 아내를 사랑하고 지켜내겠다는 완전히 다른 차원의 사랑이다. 그것을 가능케 하는 것이 바로 '의지'의 스포다조이다. 그리고 그 의지는 기적을 일구어낸다. 열정만 가지고 덤벼드는 철없는 사랑으로서는 이룰 수 없는 일을 이룬다.

피아노에 대한 열정이 이미 식어 버렸지만, 그래도 의지를 다하여 피나게 연습하는 자는 기적의 순간을 맞이하게 된다. 완전히 다른 차원의 이해, 피아노를 다루는 진정한 기쁨과 자유, 심지어 '완성'을 맛보게 된다. 벽난로의 불을 지필 때 처음에는 불쏘시개가 필요하지만 결국 진득하게 방 안을 덥히는 것은 굵은 장작인 것처럼, 열정으로 시작했다 하더라도 일을 완성하는 것은 수그러들지 않는 의지가 작용할 때이다.

뛰는 가슴이 아니라 굳건한 의지를 가지고 아내를 사랑하기로 마음을 먹자, 내 안에는 다시 새로운 열정이 돋아나는 것을 최근 느꼈다. 부족함이 없이 자랐던 아내, 남 부러울 것이 없었던 어여쁜 여인이 가난한 전도사에게 시집와 20년을 함께 살아냈다. 내가 나이 사십에 유학을 갈 때도, 큰 단체를 떠나 단독

교회가 그립습니다

사역을 시작할 때도, 연고도 없는 용인 동백으로 내려와 개척 교회를 시작할 때도, 확실한 것을 떠나 불확실한 길로 내닫는 그 모든 길을 동행하며, 아내는 그 싱그러운 미소를 버린 적이 없다. 교회 화장실 청소를 하고, 교인들의 식사를 준비하며, 하루 12시간 카페의 매니저로 일하면서도, 아내는 하나님에 대한 신뢰를 내려놓지 않았다. 다시 가슴이 뛰었다. 요즘 아내를 보면 그렇게 아름다울 수 없다. 예쁘다. 정말이다. 열정의 스포다조를 넘어 의지의 스포다조를 드리자 우리는 사랑의 '완성'에 더욱 가까워졌다.

당신이 처음 예수님을 만났을 때, 당신에겐 분명히 '열정'의 스포다조라고 하는 선물이 찾아왔을 것이다. 예배를 드리고, 하나님의 말씀을 듣고, 성경을 공부하고, 공동체를 위하여 섬기는 모든 일에 열정이 넘쳤을 것이다. 그리고 곧, 우리는 모두 식어져갔다. 어떤 이는 3개월 만에, 어떤 이는 3년 만에. 길이의 차이는 있을지 모르겠으나 예외 없이 우리는 식어져갔다. 그리고 '첫사랑'을 그리워한다. 그 뜨거웠던 첫사랑을 회복하라고 스스로에게 말하면서 말이다.

아니다. 첫사랑으로 돌아가면 안 된다. 무엇인지도 모르고 가슴만 뛰어 덤벼댔던 미숙하고 철없는 첫사랑으로 돌아가면 안 된다. 이제 아무나 하는 그런 사랑이 아니라, 의지를 다하여 드리는 '의지'의 스포다조로 자신을 하나님 앞에 드리기를 힘쓰라. 누가 인정해주면 기뻐서 헌신하다가, 누가 몰라봐 주면

삐쳐서 내려놓는 미숙하고 아련한 '열정'의 헌신이 아니라, 다른 사람이 알아주든 몰라주든 상관없이 굵은 장작처럼 끝까지 타오르는 '의지'의 헌신을 드리라. 그것이 일을 완성시킨다. 그 헌신이 완전히 새로운 차원의 삶으로 당신을 안내한다.

끝까지 삶으로 가르친 것만 끝까지 남는다

그리운 교회를 제대로 세워가는 일은 열정으로만 감당할 일이 아니다. 십 년이 걸릴지 삼십 년이 걸릴지 끝이 안 보이는 일이다. 부어도 부어도 밑으로 다 새는 것처럼 보이는 일이다. 말씀의 길을 바로 놓는 일이나, 부끄러울 것이 없는 군인으로 인정받는 일이나 다 마찬가지다. 이 땅의 모든 귀한 일은 시간을 필요로 한다.

　나는 미국의 주일학교 시스템을 보고 적잖이 놀랐다. 주일학교의 커리큘럼이나 예배 기획, 적절한 말씀의 제시와 상황에 맞는 전달의 과정 등이 놀라웠다. 그러나 주일학교 교사들의 헌신 상황을 듣고 다른 의미에서 또 한 번 놀랐다. 미국의 많은 교회들은 교인들이 교사로 헌신을 할 때 한 달, 두 달, 3개월, 혹은 6개월 단위로 헌신한다는 것이다. 미국에서 교회를 다닐 때, '딸 아이들의 주일학교 담임교사가 자주 바뀌는 이유가 그것이었구나'라는 걸 나중에서야 알게 되었다. 이러한 상황을 매우 심각하게 본 것이 바로 노스 포인트 교회(North Point Community Church)의 앤디 스탠리(Andy Stanley)였다. 나의 댈러스 신학교 선배이기도 한 앤디 스탠리 목사는 찰스 스탠리 목사의 아들로, 이제는 아버지의 명성을 이미 뛰어넘어 미국 전역과 세계 교회로부터 주목받고 있는 설교자이다.

그는 단기로 헌신하는 주일학교 교사의 상황으로는 아이들의 영적 멘토링이 일어날 수 없다고 판단하였다. 그래서 모든 주일학교 교사들에게 최소 2년의 헌신을 요구하였고, 가능하다면 그 2년 동안 동일한 학급을 맡아 최대한 오래 한 아이의 멘토와 영적 부모가 되어줄 것을 도전했다. 그러자 수많은 교사들이 최소 2년 이상의 헌신을 하였고, 노스 포인트 교회 내에서 놀라운 고백들이 일어나기 시작했다. 일요일 오전 잠깐 베이비시팅이나 하는 것처럼 여겨지던 주일학교 교사의 일을 교인들이 심각하게 받아들인 것이다. 오랜 시간을 들여 한 아이의 영적 멘토로 서는 일들이 이곳저곳에서 일어났고, 그렇게 돌봄을 받던 아이들이 자라 다시 주일학교 교사로 오래도록 헌신하는 선순환이 생겨났다. 노스 포인트 교회는 그렇게 세대와 세대를 잇는 모범적인 교회로 전 미국과 세계 교회의 주목을 받고 있다.

그러한 모습을 보고 나는 한국으로 귀국했다. 섬기고 있는 일의 특성상 교단이나 지역교회의 교사헌신예배 등에 설교자로 초청받는 일이 종종 있었다. 교사헌신예배에는 이러저러한 행사가 설교 전후에 있기 마련이다. 교사들이 특송을 부른다든지 하는 것이 바로 그것이다.

어느 교회의 교사헌신예배 때였다. 설교를 마치고 강단 뒤에 있는 의자에 돌아와 앉았는데, 근속교사들을 위한 시상이 있다고 사회자가 마이크에 대고 안내하는 음성이 들렸다.

'근속이라… 요즘 같은 때엔 2년 하기도 쉽지 않을 텐데… 근속이라….'

나는 그렇게 속으로 생각했다. 사회자가 말을 이었다.

"먼저 10년 근속하신 교사들입니다."

이름을 부를 때마다 30대 초중반으로 보이는 젊은 성도들이 일어나기 시작했다. 가슴이 뛰기 시작했다.

"다음은 20년 근속하신 교사들입니다."

큰 박수와 함께 머리가 희끗희끗한 중년의 성도들이 한 사람씩 일어나는데, 서서히 눈시울이 뜨거워지기 시작했다.

"다음은 30년 근속하신 교사들입니다."

정말 우레와 같은 박수가 예배실을 채웠다. 한 사람씩 이름이 불리고 흰머리의 교사들이 일어서는데, 참았던 울음이 터져 나왔다.

'주님, 감사합니다. 이런 헌신의 사람들을 한국교회에 허락하여 주셔서 감사합니다. 저들이 무슨 영광을 보겠다고 저 오랜 세월 동안 헌신하였겠습니까? 누가 알아주지 않아도, 지치고 힘들어도, 심지어 손해를 보는 상황 속에서도, 굵은 장작처럼 아이들 옆에서 버티며 타올라 준 저들의 헌신을 받아주시옵소서. 한국교회를 불쌍히 여겨주시옵소서. 저들을 통하여 새롭

교회가 그립습니다

게 하여 주소서!'

나는 속으로 기도하고 또 기도하였다. 나는 믿는다. 지금도 스포다조의 헌신으로 다음세대를 위하여 헌신하는 이름 모를 성도들의 피, 땀, 눈물을 아버지 하나님께서 보아 아신다고. 그리고 그 열정과 의지의 헌신들을 통하여 이전과는 다른 차원의 부흥으로 한국교회를 이끄실 것이라고 나는 믿는다.

바울의 유언을 살펴보았다. 그리고 이것은 나의 유언이기도 하다. 마지막 호흡을 다하여 남겨야 할 말이 무엇이냐고 누가 묻는다면, 나는 대답할 것이다.

"말씀으로 생명의 길을 놓아주십시오. 오늘 싸워야 할 싸움을 내일로 미루지 않는 부끄러울 것이 없는 군인으로 서십시오. 무엇보다 자신을 하나님 앞에 드리기를 힘쓰되 열정과 의지를 다하여 끝까지 버티십시오."

이것은 나 자신을 향한 다짐이기도 하고, 주일학교 교사와 사역자들을 위한 권면이기도 하고, 모든 목회자들을 향한 충정의 부탁이기도 하다.

자, 이제 묻는다. 이러한 디모데후서 2장 15절의 일들이 일어나기 가장 좋은 장소가 어디인가? 진리의 말씀을 일상의 길로 깔아내고, 매일 싸워야 할 영적 싸움을 싸우며, 열정과 다함 없는 의지로 헌신해야 할 우리의 사역지는 어디인가?

지금 바울이 두려워하는 것은, 디모데와 바울 자신이 회당의 유명한 성경교사로서 그 삶을 끝내는 것이다. 귀에 쏙쏙 들어오게 잘 가르치지만, 그 삶이 어떠한지 베일에 쌓여 있는 미스테리한 강해설교가로서 그 생을 마감하고 마는 것이다.

결국 삶으로 가르친 것만 남는다. 얼굴 마주하고 강의한다고 배우는 것이 아니라, 앞서 걸어가는 선배의 뒤통수를 따라가다 보니 알게 되는 것이 믿음이다. 그리고 그러한 일이 일어나는 가장 중요한 삶의 장소는 가정이다. 그 다음이, 아니 가정 못지않게 중요한 것이 교회요 주일학교일 것이다.

다음세대를 다른 세대가 되게 하지 않기 위해 우리는 그저 들려주는 일에 멈추어서는 안된다. '들은 세대'는 이내 듣지도 보지도 못한 세대로 남을 것이기 때문이다. 이 악순환을 끊기 위해서는 삶을 통해 가르치는 증인이 필요하다. 그것이 하나님의 방법이었고, 예수님의 유언이었고, 바울의 소원이었다. 신앙 전수는 결국 삶의 현장에서 가장 가까이 있는 가족과 이웃으로부터 시작되어야 한다.

당신을 축복한다. 당신이 하나님의 기회이다.

교회가 그립습니다

천수답 농사꾼의 기도

경지에 물을 가두어 물에서 사는 작물을 길러내는 논농사는 메마르고 건조한 지역에서는 거의 불가능한 농사법입니다. 쌀을 주식으로 하는 한국인에게 물 댄 논이 매우 중요한 이유입니다. 그래서 논에 물을 대기 위한 수단을 갖는 것은 농사꾼에게 필수적인 일입니다. 농촌 지역마다 있는 관개 수리 시설이 바로 그것입니다. 그런데 그런 관개 시설이 부족한 지역들, 예를 들어 높은 산에 있거나, 혹은 저수지나 지하수 등의 물 근원에서 멀리 떨어진 지역의 논농사는 오로지 빗물에 의존할 수밖에 없습니다. 그래서 그러한 논들을 하늘 천(天), 물 수(水) 자를 써서 천수답(天水畓)이라고 합니다. 천수답 농사꾼은 언제나 하늘을 바랄 뿐입니다. 비를 내려주시기를, 생명을 이어가게 해주시기를 말입니다.

신자의 삶은 사실 천수답과 같습니다. 우리 스스로 우리의 생명을 이어갈 방도가 우리 자신에게 없기 때문입니다. 그런데 언제부터인가 우리는 천수답 농사꾼의 마음을 잃어버렸습니다. 스스로 물 댈 궁리를 하고 방도를 찾기 시작했습니다. 하늘의 은혜가 없어도 살 수 있는 것처럼, 우리는 자신의 삶을, 자녀의 삶을 경영했습니다. 물 댈 길이 많아질수록, 믿음직한 수단이 늘어날수록, 우리는 하늘 쳐다보기를 게을리하다 심지어 하늘을 잊게 되었습니다. 그러다 이사야 때의 3년 가뭄처럼 저수지와 지하수까지 말라버리는 영적 가뭄의 때를 맞이하고야 말았습니다. 마른 논처럼 갈라진 심령들의 탄식 소리가 점점 커졌습니다. 그것이 지금 우리의 형편입니다.

그렇다면 우리는 더 큰 저수지를 찾아야 하나요? 더 효율 좋은 물 펌프를 들여야 할까요? 아니오. 교회는, 신자는, 천수답입니다. 주께서 은혜의 단비를 다시 내려주시기를 소망하며, 고개를 들어 하늘을 우러러 보아야 합니다. 마치 우리의 힘으로 사역의 열매를, 믿음의 열매를 맺어온 것처럼 살아왔던 태도를 내려놓고, 하나님이 이루실 구원의 일들을 존중과 소망의 눈으로 바라봐야 합니다.

주께서 말씀하십니다.

[18]너희는 이전 일을 기억하지 말며 옛날 일을 생각하지 말라 [19]보라 내가 새 일을 행하리니 이제 나타낼 것이라 너희가 그것을 알지 못하겠느냐 반드시 내가 광야에 길을 사막에 강을 내리니 [20]장차 들짐승 곧 승냥이와 타조도 나를 존경할 것은 내가 광야에 물을, 사막에 강들을 내어 내 백성, 내

가 택한 자에게 마시게 할 것임이라 _사 43:18-20, 개정개역

이 강물이 흘러가는 모든 곳에서는, 온갖 생물이 번성하며 살게 될 것이다. 이 물이 사해로 흘러 들어가면, 그 물도 깨끗하게 고쳐질 것이므로, 그 곳에도 아주 많은 물고기가 살게 될 것이다. 강물이 흘러가는 곳이면 어디에서나, 모든 것이 살 것이다. _겔 47:9, 새번역

부디 이 작은 책이 잃어버린 천수답 농사꾼의 마음을 되찾는 데에 조그마한 기여라도 할 수 있기를 가슴으로 기도합니다. 잃어버린 교회, 무너진 가정 위에서 절망한 자들에게 하늘 소망의 사다리로 쓰임 받기를 기도합니다. 자녀를 제자 삼기 위해 무엇이든 애쓰는 부모에게 격려의 메시지가 되기 원합니다. 주일학교 교사들의 눈물어린 헌신 위에 주께서 부어주시는 박수와 응원이 되기를 기도합니다. 가정과 교회를 연결하려는 모든 목회자들에게, 함께 걸어가며 대화하는 동반자가 되기를 원합니다. 무엇보다 진짜 교회를 그리워하는 모든 신자들에게 하나님이 내려주시는 단비가 되기를 기도합니다.

코로나 팬데믹 가운데 비대면 예배를 경험하면서, 한국교회에서는 교제와 교육의 기능이 온전하게 작동되기 힘들었다. 이런 경험은 교회교육을 바라보는 관점에 많은 변화를 일으켰다. 코로나 이후에는 어떻게 목회해야 하고, 다음세대는 어떻게 세워가야 하는지 난감해진 상황이다. 이런 상황에서 김대진 목사의 통찰은 답답해 숨을 쉴 수 없을 것 같았던 우리 입에 산소마스크를 씌워주는 것 같았다. 그가 제시하는 짝귀 미키마우스와 뇌 없는 문어, 그리고 떨태기 부모는 현 상황을 제대로 파악하게 도왔다.

다음세대를 세우는 책임이 가정에 있다고 흔히 말한다. 이건 어찌 보면 교회가 할 일을 다시 부모에게 덤태기 씌우고, 이걸 제대로 감당하지 못하는 부모들에게 죄의식을 심어주는 것처럼 보일 수도 있었다. '그렇다면 구체적으로 어떻게 하라는 말이냐?'라고 물을 수 있다. 김대진 목사는 우리에게 가정을 교회로 세우는 다양한 방법을 제시하며 격려하고 있다. 그의 글을 읽다 보니, 지금까지 잘못했다고 혼난다는 느낌 대신에, 자세한 안내와 함께 "너도 할 수 있어. 한번 해봐"라고 격려해주는 것 같아서 참 좋았다. 지금 이 순간에 꼭 필요한 책을 낸 김대진 목사에게 감사하며 큰 박수를 보낸다. 미래를 내다보며 고민하는 모든 목회자에게 일독을 권한다.

김명호 : 대림교회 담임목사, 제자훈련연구소 대표, 전 국제제자훈련원 대표

한국교회에 대해 종합적으로 문제의식을 가져야 함을 부인하는 사람은 없다. 개척교회와 미자립교회의 상황은 절망스러울 정도로 심각하다. 그중에서도 '다음세대'라는 영역은 심히 혼란스럽다. 여호수아의 시

대가 끝나면서 나타난 '다른 세대'의 그림자가 '다음세대'에 드리워지는 순간이다. 앞이 캄캄하다. 현장의 긴급 수혈 방식을 넘어 현장을 이해하는 전문가의 손길과 연구가 필요하다. 깊은 사랑과 긍휼의 안타까움으로 끌어안는 이가 필요하다. 이 책은 이러한 영역들을 균형 있게 충족시키는 힘이 있다. 일차원적인 방법을 넘어 교육 전반의 깊은 동기와 원리, 그리고 연구와 현장이라는 두 날개를 균형감 있게 펼치며 전달한다. 시대적 변화 속에서 바른 원리를 제시할 수 있으면서, 직접적으로 적용할 수 있는 올바른 방식도 제공한다. 어렵지 않지만 핵심을 놓치지 않으며, 성경적 원리 안에서 교육의 방향을 이끌어 간다.

따라서 교회는 물론 일반의 교육이라는 울타리 안에 있는 모든 이들에게 이 책을 추천한다. 부모와 교사, 담당 사역자와 담임목사 등 각자의 영역에서 최선을 다해 다음세대를 감당하는 이들에게 큰 동력이 될 것이다. 홀로 뛰어가는 막막함과 막연함의 안개를 힘 있게 걷어낼 수 있는 통로가 될 것이다. 포기하거나 낙담하지 말고, '다음세대'가 '다른 세대'가 되지 않도록 살아있는 다리를 연결하자.

김민수 : 오산글로리아교회 담임목사, 저서《개척 5년차입니다》《무명교회전》

교회와 가정, 교회학교에 대한 김대진 목사님의 생각에 이미 상당히 동감해왔고, 제가 섬기는 교회에도 같은 방향을 제시해왔던 저로서는 이 책의 출간이 진심으로 반갑습니다. 아직은 제 안에 희미하게 보이는 그림을 이 책이 보다 선명하게 보여주고 있다고 생각합니다.

비록 가시적으로는 속도가 느리고 효과는 작아 보여도, 복음과 교회의 본질을 회복하고자 하는 분들, 아무리 암울한 시대에도 하나님은 여전히 일하신다고 믿는 분들에게, 가정과 교회를 사랑하는 모든 이들에게 이 책을 적극 추천합니다.

김성겸 : 안산동산교회 담임목사

흔히들 말하는 뉴 노멀(new normal) 시대이다. 사람들은 더 새로운(brand new normal) 무엇인가를 찾는다. 이런 경향은 교회나 기독교 문화에서도 예외가 아니다. 김대진 목사님의《교회가 그립습니다》는 이런 시대를 살아가는 모든 그리스도인에게 뉴노멀(new normal)에 대한 혜안을 제공하는 것은 물론 교회와 가정이 함께 회복해야 할 성경적 노멀(biblical normal)이 무엇인지를 보여주는 책이다.

'지금이 몇 시이지?'라는 질문은 나 자신의 영적 각성을 계속해서 촉구하며, '어린이는 교회의 과거이며 현재다'라는 명제는 묵직한 울림으로 가슴에 남는다. 목회자로 살아가면서도 영적 사교육에 의존했던 부모세대로서의 회한이 결코 적지 않지만, 예수 그리스도가 우리가 붙잡아야 할 '살아 있는 다리'라는 사실에 대해서는 여전히 소망을 잃지 않는다. 아울러 이 책은 주일학교 교육에 대한 통시적이고(diachronic) 동시적인(synchronic) 분석에다, 교회와 가정이 함께 추구해야 할 세대통합의 방향과 구체적인 실천 방안까지 제시하고 있어서 아주 탁월하고 감동적이다. 본래의 모습을 상실한 다음세대 교육의 현주소를 정확하게 진단하고, 나아갈 길을 구체적으로 제시하고 있기 때문이다.

김윤한 : 수원영광교회 담임목사

지금 교회는 절체절명의 순간에 직면했다. 팬데믹 이전에 있던 위기의 이유들이 증폭되어, 이제는 기독교에 대한 대중들의 정서적 태도가 비호감을 넘어 적대적이기까지 하다. 게다가 저출산과 청년 세대들의 교회 이탈은 어제오늘의 일이 아니다. 답답한 마음에 이런 질문을 던지곤 한다. "내 사랑하는 교회가 어쩌다 이 지경까지 이른 것일까?"

과거 로마 때도 몇 차례 전염병이 돌았다. 그때 기독교인은 병자들을 돌보는 일을 이어갔고, 역병이 지나고 난 뒤에는 기독교인들의 매력적인 삶을 목격한 이들이 기독교로 개종했다고 한다. 로마의 기독교화(基督教化)는 어쩌다 진행된 것이 아니다.

지금 세상도 여전히 매력적인 기독교인을 만나고 싶어 한다. 간절히 보고 싶어 한다. 세상이 보고 싶은 것은 아름다운 교회당 건물, 완벽한 교육 시스템이 아니다. 은혜를 나눠주고, 타자를 위해 자기 것을 아까워하지 않으며 내어놓는, 이웃 사랑을 몸소 실천하는 예수의 제자를 진심으로 갈구하고 있다.

이 책은 과거 역사 속에서 반복적으로 나타났던 매력적인 기독교인들을 어떻게 다시금 되살려낼 수 있는지에 대한 구체적인 방향을 제시한다. 저자의 고언에 귀를 기울이다 보면 새로운 부흥의 역사를 소망하는 뜨거운 피가 흐르기 시작하는 것을 느끼게 된다. 그리고 저자의 생각에 전적으로 공감하게 된다. "신앙 전수는 결국 삶의 현장에서 가장 가까이 있는 가족과 이웃으로부터 시작되어야 한다."

김정태 : 좋은교사운동 공동대표

저자가 세대통합 사역자로서 살아온 지난 10년간의 발자취를 직간접적으로 알고 있는 사역자들께 고합니다. 상관접속사 'not A but B'에서 A와 B는 같은 품사이어야 하지만, 그는 이 책을 그런 방식으로 서술하지 않습니다. 본서는 당신들이 필요로 하는 또 하나의 '신선한 프로그램'을 제시해주지 않습니다.

우리는 여전히 프로그램이 사람을 만들고, 규모가 교회의 수준을 나타낸다고 의식합니다. 이는 목사의 체면이 되고 구성원의 자존심이 됩니다. 갖추어진 체계와 부족함 없는 인프라 안에서 만족을 누리면 그것이 곧 믿음이 되고 성장의 원동력이 되는 줄 착각합니다. 성장을 위해 성장을 꾀하니 복음의 가치는 뒷전이 됩니다.

'프로그램이면 될 것이고, 사람이면 될 것이고, 열심히 하면 되고, 잘 준비하면 된다'라는 착각을 하고 있다면, 저자는 세대통합 전문가답게 모든 문제를 이 한 문장에 녹여내 당신의 가슴을 요동치게 할 것입니다. "부모가 더 많은 시간을 들여 열심히 신앙을 가르치면, 자녀들이 믿음의 사람으로 확실히 자라날 것이라고 확신하는 것은 미신이다."

김진혁 : 뿌리교회 담임목사

이 책은 나에게 다음 세 가지를 고백하게 했습니다. 하나, 어떤 상황에서
도 아이에게 최선을 다하는 부모의 모습(실패를 기념하는 식탁 등)에 감동과
배움이 있었습니다. 둘, 깊은 존경을 표하고 싶습니다. 한국교회의 기독
교 교육 현장에 대한 진단 없는 처방이 얼마나 어리석은 것인지를 발견
하게 되었습니다. 셋, 깊은 깨달음을 표하고 싶습니다. 코로나 팬데믹으
로 길을 잃어버린 가정과 교회를 향한 예언자적 방향의 키를 선물로 받
았습니다. 깊은 감사를 표하고 싶습니다.

김치남 : D6 코리아 대표

"교회가 그립습니다." 20년 이상 교회의 다음세대 교육에 헌신한 저자
의 아픔과 눈물이 느껴지는 기도이고 갈망이며 비전이다. 그가 그리워
하는 교회는 옛날 좋던 시절의 교회가 아니다. 성경이 제시하는 세대통
합적 교회이다. 부모세대와 자녀세대가, 가정과 교회가, 신자와 구도자
가 이어지고 통합된, 그 세대통합적 교회 말이다. 나는 저자가 눈물로 써
내려간 이 책을 읽고 함께 눈물 흘리며, 그런 교회를 그리워하게 되었다.
　주일학교에 대해, 다음세대에 대해 고민하는 모든 분들에게 이 책을
권한다. 단숨에 읽을 수 있을 만큼 흥미진진하고 명쾌하지만, 주일학교
와 다음세대의 문제를 세대통합적 관점과 성경적 관점으로 볼 수 있도
록 눈을 열어주는, 놀라운 통찰로 가득한 책이다.
　세대통합적 사역에 대한 답을 구하는 모든 분들에게 이 책을 권한다.
왜 세대통합을 해야 하는가? 아니, 세대통합이 도대체 무엇인가? 어떻
게 해야 진정한 세대통합적 교회를 이룰 수 있는가? 세대통합에 대한 오
해가 풀리고, 그 방향에 대한 성경적 원리를 발견하게 될 것이다.
　교회의 문제를 붙들고 씨름하는 모든 분들에게 이 책을 권한다. 교회

란 무엇인가? 이 혼탁한 시대에 교회는 어떤 모습이어야 하는가? 하늘 가족이고 영적 혈육인 교회, 우리 모두가 그리워하는 바로 그 교회로 회복되려면 어떻게 해야 하는가? 부모세대와 자녀세대, 교회와 가정이 연결된, 세대통합적 교회의 비전과 로드맵을 찾게 될 것이다.

박호석 : 부평교회 담임목사

고대사회의 자녀 양육은 가정에서 부모가 책임졌다. 그 시대가 가지고 있던 환경적인 한계라고 말할 것이 아니라, 교육의 본질이 그러하다는 것을 인정해야 한다. 진정한 자녀 교육은 부모의 마음에서 시작되어 가정 안에서 관계를 통해 이루어지는 것을 알고 있음에도, 족집게 과외처럼 전문가에게 위탁하고자 하는 위험한 발상이 여전히 난무하며, 자녀들은 다양한 형태의 위탁교육 현장으로 내몰리고 있다.

더 나은 환경을 살아가는 오늘날에는 교육전문가들이 곳곳에서 나름의 역할과 기능을 감당하고 있다. 그럼에도 불구하고 참교육은 여전히 멀게만 느껴진다. 교육이 이곳저곳에서 여전히 개혁의 대상으로 난타당하는 모습을 볼 때면 더더욱 그러하다.

이제는 신앙교육마저 이러한 모습을 답습하고 있다. 우리 신앙생활의 본질이 하나님과의 친밀한 관계인 것과 같이, 자녀들의 신앙훈련 역시 가정 안에서 부모와 자녀 간의 관계적 친밀함을 통해 이루어져야 한다는 본질을 모르는 부모는 없을 것이다. 삶으로 가르친 것만 남기 때문이다. 그러나 이것이 쉽지 않기에 부모들은 여러 가지 이유를 들어 교회와 담당 사역자에게 위탁한다. 그리하여 부모에게서 참 신앙인의 삶을 목격할 기회가 줄어든 자녀들은 위탁교육의 한계를 그대로 노출하며 형식에만 충실한 종교인으로 전락하다, 안타깝게도 성인이 되면서 신앙생활로부터 자신을 격리시켜버린다.

그러므로 지금의 교회 주일학교가 위기에 직면한 이유에 대하여, 주일학교를 통과한 어른 세대가 교회를 떠나고 있기 때문이라는 저자의 지적에 동의할 수밖에 없다. 실망할 수는 있지만, 그러나 절망할 필요는 없다. 하나님과의 수직적 관계와 이웃과의 수평적 관계가 교차하는 가정에서, 우리의 자녀들이 종교인이 아닌 신앙인으로 자라가도록 신앙의 위탁교육이 아닌 부모의 책임교육을 다시 회복하면 된다.

이론과 풍부한 현장 경험을 고루 지닌 저자의 "교회가 가정되고 가정이 교회되게 하자"라는 외침은 훨씬 힘들고 대가의 지불이 필요한 길이지만, 이것은 부모 자신을 살리고 자녀를 살리는 길이다. 다음세대에 대한 조급함 때문에 본질을 놓친 채 화려한 액티비티(activity)나 비전센터를 건축하는 것에만 멈추지 않기를 바란다. 과정이 생략된 채 교육부서의 규모로 신앙교육을 평가하거나, 사역(일)이라는 명분 속에 관계가 생략되는 안타까운 일들이 재현되지 않도록, 이 책의 메시지를 깊이 고민하기를 소망한다.

신현빈 : 목사, 월드티치 대표, 디모데성경연구원 대표총무

사막여행을 할 때 필요한 것은 어제의 지도가 아니라 지금 나아가야 할 방향을 알려주는 나침반이라고 합니다. 한국교회에 세대간 신앙 전수의 중요성을 강력하게 전해오셨던 김대진 목사님의 이 책은 코로나 팬데믹의 혼돈과 불예측성의 한복판에서 한국교회가 나아가야 할 다음세대 목회의 방향을 선명히 보여주는 책입니다.

김대진 목사님은 이 책을 통하여 세대간 신앙전수의 성경적, 역사적, 목회적 부르심과 분석은 물론이요, 구체적으로 어떻게 실천해야 할지까지 친절히 안내해주고 있습니다. 이 책은 다음세대 신앙전수를 교회학교 위탁형 패러다임으로부터 교회와 가정이 연계하여 책임지는 '세대통합과 (가정과 교회의) 싱크' 패러다임으로 전환하고자 하는 모든 교회의 교역자와 교사, 그리고 부모와 회중 모두에게 커다란 선물이자 친절한 안내자가 되리라 확신합니다.

신형섭 : 장로회신학대학교 기독교교육학 교수, 저서 《가정예배 건축학》

교회가 그립습니다

한국교회가 부흥의 시대를 지나 쇠퇴기에 접어들었다는 사실은 통계로 보더라도 부인할 수 없는 사실입니다. 현재도 교인 수가 줄어들었지만, 앞으로의 전망은 더욱 어둡습니다. 한국교회 가운데 주일학교가 운영되지 않는 교회는 절반 가까이나 된다고 합니다. 주일학교 아이들이 적다는 말은 곧 그들의 부모세대인 30-40대가 적다는 뜻입니다. 지금 30-40대는 한국교회가 부흥할 때 주일학교에 다녔던 세대입니다. 그렇다면 왜 이렇게 되었을까요? 저자는 그 원인을 부모세대와 자녀세대를 단절시킨 것에서 찾습니다.

저자는 단절의 문제를 극복하기 위한 세대통합 사역을 오랫동안 연구한 학자이면서 동시에 현장의 전문가입니다. 그리 두껍지 않은 책이지만, 이 책은 세대통합 사역의 A부터 Z까지 모두 다루고 있다고 해도 과언이 아닙니다. 저자는 성경적 근거에 기초하여 세대통합 사역의 중요성을 강조합니다. 그렇지만 저자의 주장은 이론에만 그치지 않습니다. 저자는 자신이 경험한 다양한 사례를 통하여 세대통합 사역을 시도할 때 피할 길과 나아갈 길을 제시합니다. 저자의 조언을 따라 세대통합 사역을 시행해본 경험자로서, 이 책을 세대통합 사역에 관심을 갖고 있는 분들에게 적극 추천합니다.

안진섭 : 새누리2교회 담임목사

저자는 일평생 가정과 교회를 포함한 다양한 현장에서 다음세대 사역을 감당해온 전문가로서, 어제를 돌아보고 오늘을 가늠하며 미래를 꿈꾼다. 통찰력 있게 과거를 살피며, 오늘날 다음세대 사역의 근본적 문제들을 명확하게 진단하고, 문제를 해결할 방안에 대해 구체적 예들과 모델들을 통해 제시한다. 다음세대 사역자들과 주일학교 교사들과 부모들까지 쉽게 읽을 수 있도록 삶의 다양한 경험과 재미있는 이야기들을 흥미롭게 풀어내지만, 내용은 결코 가볍지 않다. 곳곳에 소개하는 여러 책들 외에도, 저자가 얼마나 깊고 풍성한 연구와 조사를 근거로 책을 써 내려

갔는지, 책이 완성되기까지 왜 이토록 오랜 시간이 지나야 했는지 충분히 이해하게 된다.

저자는 이 책에 자신의 마음과 삶을 담아냈다. 책 곳곳에 다음세대를 마음에 품고 살아온 세월의 흔적이 물씬 풍긴다. 가정 안에서 언약의 자녀들인 두 딸을 말씀으로 세우며, 잃어가는 다음세대를 가슴 아파하고 고뇌하였다. 또한 그저 '생존'을 위해서가 아닌 '생명'을 낳는 공동체로서의 교회를 세우기 위해 몸부림치며, 저자의 마음에 담아온 생각과 경험과 삶을 통찰력 있게 빚어낸다. 학교에서 '가정 사역' 수업을 가르치면서 생각보다 국내에 소개할만한 좋은 책이 많지 않아 적잖이 안타까웠는데, 자신 있게 소개할 책이 출간되어 기쁘고 감사하다.

이동열 : 합동신학대학원대학교 기독교교육학 교수, 분당우리교회 협동목사

어느 기독교 신문에서 우리나라 청소년의 복음화율이 3.8퍼센트에 불과하다는 통계를 본 적이 있습니다. 한 교육 전문가는 자신이 서울의 어떤 지역을 직접 돌면서 조사한 후에, 그곳에 있는 청소년들의 복음화율이 2퍼센트에 불과하다는 충격적인 보고를 하기도 했습니다. 그런 통계가 맞다면, 우리나라 청소년은 그야말로 미전도 종족과 다를 바가 없습니다. 청소년들만 그럴까요? 어린이로부터 청년까지, 다른 다음세대들도 별반 다르지 않을 것 같다는 생각이 듭니다. 어떻게 이런 가슴 아픈 일이 생겼을까요? 왜 우리의 자녀들이 교회를 떠나고 선대의 신앙을 버리는 것일까요? 부모세대와 자녀세대 사이에 왜 이처럼 큰 믿음의 단절이 생기게 된 것일까요?

김대진 목사님은《교회가 그립습니다》라는 이 탁월한 책에서 전문적 지식과 자신의 사역 경험을 통해 왜 이런 문제가 생기게 되었는지를 예리하게 분석합니다. 그뿐 아니라 숙련된 교육 전문가요 뜨거운 가슴을 가진 목회자로서, 위기에 처한 우리 모두에게, 교회와 가정이 함께 손잡고 사역하는 세대통합 목회를 통해, 제대로 된 교회의 회복을 그 해결책

으로 제시합니다. 이 책은 깊이가 있으면서도 상당히 실제적이며, 머리에 빛을 비춰주면서도 가슴을 뜨겁게 하는 흔치 않은 책입니다.

다음세대의 영적 문제를 놓고 고민하며 기도하는 학부모들과 교사들에게, 한 세대에서 다음세대로 믿음이 흘러갈 뿐 아니라, 모든 세대가 예수 그리스도 안에서 하나되어 같은 곳을 보는 참 교회를 그리워하고 꿈꾸는 목회자와 사역자들에게, 그리고 가족인 교회이자 교회인 가정에서 삶으로 가르치고 자신과 다음세대를 위해 믿음의 선한 싸움을 싸우며, 열정과 의지로 주께 헌신하기 원하는 모든 그리스도인에게 이 책이 더할 나위 없이 좋은 리소스가 될 것임을 믿고, 기쁜 마음으로 이 훌륭한 책을 추천합니다.

이재기 : 사랑빛는교회 담임목사, 성서침례대학원대학교 교수

코로나를 겪으면서 많은 교회들이 다음세대 사역 문제로 아우성이었습니다. 늘 위기라고 하였지만, 그래도 아이들이 교회에 모였고 무엇인가 역동성을 발휘하면서 프로그램을 진행해왔는데, 불과 몇 년이 지난 지금에 와서 보면 과거의 회상에 불과합니다. 그래서인지 저자는 '교회가 그립습니다'라는 고백을 합니다.

사실 저자가 그리워하는 교회 상(像)은 단지 코로나 전에 활동성이 있던 교회학교의 모습만을 말하는 것이 아닙니다. 원래 성경에서 말하는 '바로 그 교회 상'을 그리워하는 표현입니다. 저자는 누구보다도 지금의 교회학교와 다음세대 사역에 대한 분석을 철저히 해놓았습니다. 역사 속에서, 지금까지 흘러온 다음세대 사역의 그림을 정확히 표현해주고 있습니다. 이토록 정확한 눈을 가진 학자나 목회자는 아마 드물 것입니다. 그는 지금 한국교회 다음세대 사역의 문제점에 대해 철저한 분석을 하였습니다. 단지 눈에 보이는 통계가 아닌, 또한 여러 기독교 신문에 단골로 등장하는 뻔한 타이틀이 아닌, 전문가적인 분석이 들어가 있습니다. 그의 분석을 들여다보면, 저자가 얼마나 한국교회 다음세대 사역에

대해 고뇌했는지도 알 수 있습니다.

저자가 제시하는 다음세대 사역의 이상은 세대통합의 실천입니다. 세대통합 교육은 성경에서 말하고 있는 교육의 원안입니다. 이미 많은 교회에서 세대통합을 실천해왔지만, 정확한 철학과 이해 없이 프로그램으로만 진행하는 경우가 너무나도 많습니다. 저자는 진정한 세대통합이 무엇인지, 그 모델에는 어떠한 것이 있는지, 우리가 가야 할 길이 어떤 길이면 좋을지까지 자세히 설명하고 있습니다.

이정현 : 청암교회 담임목사, 개신대학원대학교 기독교 교육 겸임교수

김대진 목사님은 넓은 식견과 진솔한 비전을 품고, 기독교 교육에 전적으로 헌신한 목회자이다. 무엇보다 세대통합 교육에 열정과 시간을 쏟아부어 교회가 나아갈 길을 만들어내는 탁월한 교회교육 전문가이다. 그는 교회학교의 태동과 성장, 그리고 위기의 상황들을 잘 설명해준다. 오늘의 교회학교 위기는 과거의 산물이며, 결국 현재가 내일의 교회학교를 예측할 수 있는 가늠자가 된다는 그의 지적은 참으로 옳다.

"신앙은 전문가의 훈련으로 단기간에 학습할 수 있는 것이 아니고, 하나님이 디자인하신 가정과 교회 안에서 믿음의 선배들을 통해 이어지고 전수된다"라는 그의 주장이 참으로 지당한 말임에도, 마음 한편에 씁쓸함이 느껴지는 것은 우리의 현 상황이 그렇지 않음을 시인할 수밖에 없기 때문이다. 세대통합 사역은 신앙 전수에 있어 부모를 책임자의 자리에 세우는 사역이며, 하나님의 마음으로 교회를 가정되게, 가정을 교회되게 하는 사역이다. 그 사역을 감당해야 할 부모는 능력이 있어서가 아니라, 하나님이 그렇게 명령하셨기 때문에 하는 것이다. 그러므로 부모인 우리가 하나님의 명령에 순종해야 한다는 이 주장이 단순 명료하면서도, 얼마나 능력있게 들리는지 모른다.

무엇보다 Awana(어와나) 사역을 하는 나에게, Awana의 주제성구인 디모데후서 2장 15절을 교회의 어른 세대가 받아야 할 진리의 말씀으

로 해석한 그의 도전으로 다시 한번 큰 배움과 사역의 의미를 돌아볼 기회를 얻게 되었다.

"여러분, 말씀으로 생명의 길을 놓아 주십시오! 오늘 싸워야 할 싸움을 내일로 미루지 않는 부끄러울 것이 없는 군인으로 서십시오! 무엇보다 자신을 하나님 앞에 드리기를 힘쓰되 열정과 의지를 다하여 끝까지 버티십시오!" 아멘!

이종국 : 한국 어와나 대표

시의적절함은 상대적이다. 하지만, 현시점에서 '가정'이라는 주제는 교회 안팎을 막론하고 절대적이다. 가정을 교회로 세우는 코칭 역할을 했어야 할 지역교회가 본의 아니게 가정을 해체했다는 오래전 찰스 셀의 지적이 급기야 얼마나 절절한 외침이었는지를 알게 되는 시간이다. 이러한 때에 출판된 이 책이 고맙다. 가정과 교회를 싱크시켜야 하는 성경적 기준과 원칙들을 가정처럼 편안한 언어와 필치로 정리한 이 책은 참으로 시의적절하다. 가정을 복음으로 형성하는 '본래적 사명'에 마음 다해 뛰어들고자 하는 모든 목회자와 성도들에게, 안온하고 명쾌한 워밍업(warming-up)을 시켜줄 만한 책으로 추천한다.

정갑신 : 예수향남교회 담임목사

코로나의 여파가 아주 매섭다. 교회당에서 진행되는 예배를 중심으로 신앙생활을 해왔던 기독교인들은 그 충격이 너무나 커서 신앙의 근본이 흔들릴 정도이다. 이러한 충격에 더 취약한 것이 교회학교와 자녀세대이다. 전염병 확산의 위험 때문에 교회학교가 제대로 모이지 못했고, 신앙의 전수에 큰 어려움을 겪고 있다. 그러나 이것은 순전히 코로나 사태 때문만은 아니다. 이미 코로나 이전에도 교회학교와 자녀세대는 위기를 맞고 있었다.

교회학교가 없는 작은 교회들은 자녀들을 제대로 교육하지 못할까 봐

걱정했지만, 교회학교가 있는 교회의 부모들은 자녀 교육을 교회에만 맡겨놓고 방치하다시피 하면서 그저 잘 되기만을 바랐다. 그러나 제도화된 형태의 교회학교뿐만 아니라, 교회학교가 없어서 체계적인 교육을 제공하지 못한 작은 교회들도 자녀세대 교육을 충실히 해내지 못했다. 교회에서 자녀세대는 다음세대로 불리지만, 교회 정책에서는 항상 다음 순위로 밀리고 있다. 그나마 교회학교는 어른들과 분리되고 단절되어 있다.

자녀 교육은 제도화된 교육 방식이 아니라 신앙공동체를 통해서 자연스럽게 형성되고 전수되어야 한다. 이것은 단순히 교육의 문제가 아니라 교회의 문제이고 공동체의 문제이다. 따라서 자녀세대의 바른 교육은 교회 공동체에 대한 바른 이해에서 시작되어야 한다. 이 책은 이것이 어떻게 가능한지, 그리고 어떻게 실천할 수 있는지를 잘 설명하고 있다. 단순히 이론 차원에서만 아니라 구체적인 방법들을 제시하고 있다. 자녀세대의 신앙교육에 관심이 있는 이들이라면, 이 책에서 귀한 통찰력과 지혜를 얻을 수 있을 것이다.

정재영 : 실천신학대학원대학교 종교사회학 교수

이 책은 오늘날 교회가 만나고 있는 문제에 대한 질문으로 시작한다. 그리고 저자는 이 문제가 21세기 들어 갑자기 발생한 것이 아니라 이미 오래 전에 예고된 것이며, 역사 속에서 되풀이되는 문제임을 지적한다. 그것은 다름 아닌 '단절'과 '방임'이다. 교육 전문가에게 책임을 위임한 결과 교회 안에서 부모와 자녀의 관계는 단절되고, 위임과 단절의 결과 현대 교회는 다음세대의 절감(감소)과 황폐화를 겪고 있다.

저자는 단절과 방임을 극복하기 위해 하나님과의 관계 회복, 가정의 회복, 교회의 회복을 말하고 있다. 가정과 교회의 회복은 하나님과의 관계 회복에서부터 시작된다고 할 수 있겠다. 그것을 3E(Engrave, Empowerment, Environment)의 원리로 정리했고, 그것은 다시 교회 회복을 위한

교회가 그립습니다

세 가지 모델(가족기반, 가족통합, 가족코칭)로 확장된다. 결국, 우리가 그리워 하는 교회의 회복을 위해선 가정의 회복이 전제되어야 하고, 가정의 회 복을 위해서는 하나님과의 회복이 우선되어야 한다.

교회의 문제는 전문사역자의 부족 때문이 아니다. 가장 가까운 이웃 인 자녀에게조차 복음 증거하기를 포기하고 외부에 맡긴 영적 사교육 때문이며, 함께 있기 편한 사람들하고만 어울리려 하는 우리의 미숙한 교회론 때문이다. 다음세대를 생각하는 목회자, 사역자, 그리고 부모세 대의 책임을 회복하기를 원하는 모든 믿는 이들에게 이 책을 권한다.

최철광 : 성서침례대학원대학교 주경신학 교수, 교무처장, 동서로교회 담임목사